Traudel Witter · Heimkehr ins Land der Väter

TRAUDEL WITTER

Heimkehr ins Land der Väter

Naemi im 20. Jahrhundert

CHRISTLICHES VERLAGSHAUS
STUTTGART

ABC team

Bücher mit diesem Zeichen wollen
aktuell und biblisch Christus bezeugen.

ABCteam-Bücher erscheinen in folgenden Verlagen:

Aussaat- und Schriftenmissions-Verlag Neukirchen
R. Brockhaus Verlag Wuppertal
Brunnen Verlag Gießen (und Brunnquell Verlag)
Christliches Verlagshaus Stuttgart
(und Evangelischer Missionsverlag)
Oncken Verlag Wuppertal

Umschlaggestaltung: Dieter Betz, Weissach
Umschlagfotos: Süddeutscher Verlag/Anneliese Tröger
Gesamtherstellung: Druckhaus West GmbH, Stuttgart
ISBN 3-7675-2588-7

Siehe, ich habe dir heute vorgelegt das Leben und das Gute, den Tod und das Böse. Wenn du gehorchst den Geboten des Herrn, deines Gottes, die ich dir heute gebiete, daß du den Herrn, deinen Gott, liebst und wandelst in seinen Wegen und seine Gebote, Gesetze und Rechte hältst, so wirst du leben und dich mehren, und der Herr, dein Gott, wird dich segnen in dem Lande, in das du ziehst, es einzunehmen.
Wendet sich aber dein Herz und du gehorchst nicht, sondern läßt dich verführen, daß du andere Götter anbetest und ihnen dienst, so verkünde ich euch heute, daß ihr umkommen und nicht lange in dem Lande bleiben werdet, in das du über den Jordan ziehst, es einzunehmen.
Ich nehme Himmel und Erde heute über euch zu Zeugen: Ich habe euch Leben und Tod, Segen und Fluch vorgelegt, damit du das Leben erwählst und am Leben bleibst, du und deine Nachkommen, indem ihr den Herrn, euren Gott, liebt und seiner Stimme gehorcht und ihm anhanget. Denn das bedeutet für dich, daß du lebst und alt wirst und wohnen bleibst in dem Lande, das der Herr deinen Vätern Abraham, Isaak und Jakob geschworen hat, ihnen zu geben. *(5. Mose 30, 15–20)*

Manchmal kehrte in den Nächten die Erinnerung zurück, und Naemi erlebte die Schrecken und Nöte der Kinder- und Jugendzeit noch einmal. Sie lag dann wach, wenn sie die schemenhaften Gestalten der Vergangenheit bedrängten. Da waren ihr Elternhaus in Heidelberg, die Brüder, Vater und Mutter, die so schmerzlich aus ihrem Leben traten, und Elisabeth, ihre junge Tante, die ihr über die schwere Zeit der Flucht vor den Schergen des Nazi-Regimes Vater und Mutter wurde.

Naemi sah viele Gesichter vor sich. Eines stand ihr ganz besonders nahe: Dr. Herz lernte sie in dem heimlichen Versteck in Straßburg kennen. Er nahm sich ihrer an und brachte sie dem Judentum näher, das sie so wenig kannte, obwohl sie Jüdin war. Dieser alte Mann gab ihr so viel mit auf den Weg, daß sie davon noch heute zehrte.

Dr. Herz starb, ohne das Gelobte Land betreten zu haben, als sie und Elisabeth trotz englischer Blockade mit dem Passagierschiff DEBORAH die Küste von Haifa erreichten.

Doch die Odyssee endete dort noch nicht. Nach der Trennung von ihrer schwer verwundeten Tante Elisabeth mußte Naemi das Land wieder verlassen. Zusammen mit anderen Flüchtlingen brachte sie ein englisches Transportschiff nach Zypern.

Monate mußte Naemi in einem Internierungslager verbringen, bis sie mit Schwester Mary einem Kindertransport zugeteilt wurde, über den sie zurück nach Palästina kam.

Naemi schaute durch das weit offen stehende Fenster, und sie sah die hell glänzenden Sterne am klaren Nachthimmel. Der Duft von wildem Jasmin drang von draußen herein, und sofort suchten sie die Erinnerungen an den Kibbuz Bet Oren heim. Auch dort wuchs ein wilder Jasmin dicht vor ihrem Schlafzimmerfenster. Diese Zeit unter vielen Gleichaltrigen und unter der Obhut von Martha gehörte zu den glücklichsten Monaten in ihrem Leben. Da war Igor, der kleine russische Jude, der wie ein Schuljunge aussah und doch ihr Lehrer war. Selbst ein dynamisches Bündel an Wissen, versuchte er, ihnen in kürzester Zeit viel beizubringen.

Und dann kam das Jahr 1948, in dem ein Teil von Palästina zum Staat Israel erklärt wurde. Alles änderte sich, auch für Naemi. Sie wurde aus dem Frieden des Kibbuz hinausgeschleudert in die Unsicherheit, Not und Angst, die unter den Bewohnern der Stadt Jerusalem herrschten. An der Seite von Elisabeth und ihres Onkels Jakob erlebte sie den Abzug der britischen Truppen. Die Feindseligkeiten von seiten der Araber nahmen stetig zu.

Trotz des Widerstandes von Elisabeth setzte Naemi ihren Berufswunsch durch und ging zu Schwester Mary in das Hadassa-Krankenhaus auf dem Skopusberg, um dort die Ausbildung als Krankenschwester zu beginnen.

Hautnah erlebte sie den Krieg mit, der sich zum großen Teil auch in der Altstadt von Jerusalem abspielte. Tag und Nacht war sie mit im Einsatz, um Verwundete zu versorgen. Unter den vielen Opfern befand sich auch Elisabeth. Naemi war untröstlich über ihren Tod. Onkel Jakob nahm sich Naemis an. Als einziger Überlebender der Familie fühlte er sich für seine Großnichte besonders verantwortlich.

Im April 1949 wurde nach dem Waffenstillstand die Stadt Jerusalem zwischen Israel und Jordanien geteilt. Die Bewohner mußten lernen, damit zu leben. Während der junge Staat Israel seine ersten selbständigen Gehversuche machte, lernte auch Naemi, sich allein zurechtzufinden. Sie wurde eine der besten Mitarbeiterinnen von Dr. Wiesenthal, dem sie auch schon während der schweren Kriegshandlungen im Lazarett assistierte.

Zärtlich strich Naemi über Elimelechs Gesicht. Er wachte dabei nicht auf. Der Tag, an dem sie ihn kennenlernte, schob sich ihr wieder ins Bewußtsein.

Als schwerverwundeter Soldat kam Elimelech Kowalski in das Hadassa-Krankenhaus. Mit seinem Kameraden war er auf Patrouillenfahrt 5 km vor Ramallah auf eine Mine gefahren. Während Dov Beckmann starb, überlebte Elimelech. Naemi übernahm die schwere Pflege und verliebte sich in den jungen Mann.

Elimelech hatte nur eines im Sinn: Er wollte das Land bebauen, das ihm gehörte. Doch dieses Stück Land lag jenseits der Allenby-Brücke auf jordanischem Gebiet. Naemi wußte um all die Schwierigkeiten, die die Durchsetzung dieses Wunsches mit sich brachten. Doch sie vertraute in ihrer Liebe Elimelech, dem sein Onkel Jehuda half. Als Rechtsanwalt vertrat dieser Elimelechs Rechte.

Es gab auch heftige Widerstände von Elimelechs Familie. Über den Erbauseinandersetzungen kam es zum unversöhnlichen Streit. Elimelech sagte sich von seiner Familie los.

In einem kleinen Kreis von Freunden heiratete Naemi Elimelech genau zu dem Zeitpunkt, als der jordanische König Abdullah in der Al-Aksa-Moschee ermordet wurde.

Naemis erster Sohn wurde noch 1952 in Jerusalem geboren, doch danach holte Elimelech seine Familie in sein neugebautes Haus nach Jordanien, wo er das einst unfruchtbare Land mit einer Bewässerungsanlage in eine Oase verwandelt hatte.

1.

Sommer und Winter, Saat und Ernte bestimmten den Rhythmus auf der Plantage. Aber auch die politischen Ereignisse beeinflußten das Leben der Familie Kowalski und hatten ihre nachhaltigen Wirkungen auf den Alltag.

Immer seltener kamen Nachrichten und Briefe von Freunden aus Israel. Nach dem Oktoberkrieg 1956 verlor sich der gesamte Kontakt zur Heimat. Naemi litt darunter sehr, doch Elimelech nahm alles gelassen hin. Ihm schien diese Entwicklung sogar recht zu sein. Es gab keine Alternative. Sie hatten den jetzigen Zustand zu akzeptieren. Sie waren jordanische Staatsbürger, die sich den Gesetzen und Gewohnheiten des Landes anzupassen hatten.

Elimelech wandelte sich ganz. Er legte alles ab, was auch nur im entferntesten an einen jüdischen Bürger erinnerte. Er hielt die islamischen Festtage ein, wie es Brauch war, feierte mit seinen Arbeitern den Ramadan, wobei er für die Schafe und Ziegen aufkam, die am Id el Fitr, dem dreitägigen Fest am Ende des Fastenmonats, geschlachtet wurden.

Er besuchte mit seinen Männern die Moschee, die auf dem Dorfplatz neben dem Schulgebäude eingerichtet wurde.

Scheich Abd el Hadi war zwar Moslem, hielt sich aber nicht genau an die vorgegebenen Riten. Ihm waren politische Angelegenheiten wichtiger. Mit ihnen verband er seine gewinnbringenden Geschäfte. Ihm war es schon immer gleichgültig, welchen Glauben seine Geschäftspartner hatten. Hauptsache, man war sich einig bei den abzuschließenden Geschäften. Er grinste spöttisch, wenn Elimelech neben ihm auf dem Teppich kniete und sein Allah akbar murmelte, und hänselte ihn wegen einer Pilgerreise nach Mekka, die Elimelech noch machen müßte, um noch mehr Ansehen zu genießen.

Naemi nahm das alles nicht so leicht. Im Grunde ihres Herzens blieb sie ihrem Glauben treu. Sie feierte im Verborgenen die jüdischen Festtage, las in der Thora und im Talmud.

Seit der junge König Hussein, der Enkel des ermordeten

Königs Abdullah, auf dem jordanischen Thron saß, wuchs der Einfluß von Scheich Abd el Hadi, und das kam auch Elimelech zugute. Es gab sehr günstige Bankkredite für den Ankauf von Land, und so konnte Elimelech seine Plantage immer mehr vergrößern. Die meisten Bauern waren verschuldet und froh, endlich an Geld zu kommen. Elimelech ließ Wasserleitungen verlegen, schaffte neue Pumpen an, um seine Gemüsekulturen zu bewässern. Auf den Märkten der Hauptstadt wuchs die Nachfrage nach frischem Obst und Gemüse.

So hatte Naemi alle Hände voll zu tun. Oft erledigte sie noch spät in der Nacht die Büroarbeiten. Der junge Raschid war Elimelech und auch Naemi in allem eine große Hilfe. Über ihn liefen die Kontakte zu den palästinensischen Arbeitern, die Elimelech zu den Erntezeiten brauchte. Auf Raschid konnte er sich immer verlassen. Er unterschlug kein Geld und ließ sich auf keine heimlichen Geschäfte ein. In allem, was er tat, fühlte er sich Elimelech verantwortlich.

Im Haus beaufsichtigte Leila die beiden Söhne Machlon und Kilion und führte den Haushalt, der sehr umfangreich geworden war. Fast jeden Tag kamen Besucher oder Geschäftsfreunde von Elimelech und waren zu Gast in seinem Haus. Seit einem halben Jahr war Leila mit Raschid verheiratet und wohnte in einem neuen Haus, das Elimelech für sie neben seinem Bungalow errichten ließ.

Auf der alten Karawanserei war nach und nach ein neues arabisches Dorf entstanden. Zelte und Wellblechhütten der palästinensischen Flüchtlinge hatten festen Häusern Platz gemacht. Auf Naemis Initiative war eine neue Wasserleitung installiert worden, die von der Plantage aus den öffentlichen Brunnen auf dem Dorfplatz versorgte.

Leilas Vater, der als Traktorfahrer bei Elimelech schon von Anfang an gearbeitet hatte, war zum Muchtar im Dorf ernannt worden. Auch eine Schule wurde eingerichtet, und ein junger Mann aus Nablus unterrichtete die vielen Kinder. Er war aufgeschlossen, dynamisch und ein großer Anhänger des Ägypters Gamal Abd el Nasser und dessen Politik. Auch Machlon und Kilion wurden in der kleinen Dorfschule eingeschult. Elimelech wollte, daß seine Kinder keine Ausnahme bildeten gegenüber den Arabern. Trotzdem hoffte Naemi, daß ihre Söhne nach der Grundschulzeit in Israel eine fortführende Schule besuchen könnten.

Trotz der langen Zeit, die sie hier schon verbracht hatte, gab es für Naemi immer noch Schwierigkeiten, sich dem arabischen Umfeld anzupassen. Sie mußte sich den Gesetzmäßigkeiten des Isalm beugen, der den Männern mehr Rechte einräumte als den Frauen. Dazu kam, daß unter den verschiedensten Flüchtlingsgruppen, die bei ihnen arbeiteten, Sitten und Bräuche sehr unterschiedlich gehandhabt wurden. So gab es sehr strenggläubige Muslime, aber auch Drusen und griechisch-orthodoxe Christen. Naemi versuchte, ihnen in allem gerecht zu werden, wenn sie über Raschid an sie mit Wünschen herantraten.

Scheich Abd el Hadi kam fast jede Woche aus Amman zu Elimelech. Meist begleiteten ihn seine erwachsenen Söhne Achmed und Jussuf. Stunden saßen sie im Wohnzimmer, diskutierten über neue Preise und gewinnbringende Geschäftsverbindungen. Aber auch die politische Lage war immer einer der Hauptpunkte.

Naemi erfuhr bald, daß es dem Scheich um eine neue Sache ging: Er wollte in Amman eine Baumwollspinnerei einrichten. So konnten sie die Baumwolle, die jetzt auf den Feldern neu angebaut wurde, selbst weiterverarbeiten und dann vermarkten. Die ersten Gewinne, die die Plantage abwarf, konnten sich auf diese Weise in der Fabrik wieder vermehren. Als Naemi ihre Bedenken bei Elimelech anmeldete, lachte er sie aus und warf ihr enges, kleinbürgerliches Denken vor. Er wollte unter Beweis stellen, daß er genausogut wirtschaften konnte wie seine eigenen Brüder. Der Name Kowalski sollte auch in Jordanien nicht mehr so schnell vergessen werden. Elimelech fuhr schon am nächsten Morgen mit dem Scheich nach Damaskus, um eine Baumwollspinnerei zu besichtigen, die von ihrem Besitzer aufgegeben werden mußte, weil er seinen Zahlungsverpflichtungen nicht mehr nachkam. Für Naemi ging alles viel zu schnell, und das erfüllte sie mit Unruhe, aber auch mit Angst.

Leila servierte das Abendessen, als ein Auto vorfuhr und Raschid kurz darauf mit Besuch ins Haus kam. Es war Jehuda, Elimelechs Onkel, und dessen Frau Hala. Naemi war völlig überrascht. Nach vielen Jahren war dies der erste Besuch, der aus Israel und dazu noch aus Jerusalem kam. Machlon und Kilion standen verschüchtert da. Sie verstanden nicht, warum ihre Mutter plötzlich in Tränen aufgelöst war und dabei noch den Mann und die Frau umarmte.

Als Naemi nach dem Essen mit Jehuda und Hala allein war, begannen diese zu erzählen.

»Wir sind wegen unserer Tochter Fatima gekommen.«

Naemi fiel erst jetzt auf, wie alt und müde Elimelechs Onkel geworden war. Sein Gesicht wirkte in dem hellen Licht der Lampe gelb und verfallen. Er war so mager geworden, daß der Anzug wie ein zu weiter Sack an seiner hageren, vornübergebeugten Gestalt hing. Von der früheren behäbigen Selbstsicherheit war nichts mehr geblieben. Seine Hände konnte er kaum ruhig halten, so zitterten sie. Hastig trank er den Whisky, den er von Naemi erbeten hatte.

Plötzlich begann Hala hemmungslos zu weinen. Auch sie hatte sich verändert, war nicht mehr die elegante, aristokratisch wirkende Frau, die immer sehr modisch gekleidet ging. Leid und Verzweiflung sowie die Unsicherheit über das Schicksal ihrer Tochter hatten ihren Tribut gefordert.

Jehuda begann zu erzählen.

»Fatima sollte nach London, um dort ihre Sprachstudien zu verbessern. Danach wollte sie auf die Universität. Wir wußten um ihre Freundschaft zu Omar, hielten dies aber für eine lose Verbindung. Omar stammte aus Ramallah und war der einzige Sohn einer angesehenen arabischen Familie. Fatima lernte Omar über Boas kennen. Die beiden waren befreundet und spielten in der Schulmannschaft Handball und Tennis.«

Jehuda sprach mit monotoner Stimme, so als hätte er sich von allem distanziert.

»Erst später erfuhren wir, daß Omar einer der Untergrundorganisationen angehörte, die nach dem Krieg wie Pilze aus dem Boden geschossen waren. Er mußte an einem der

Attentate, die fast täglich in Jerusalem passieren, beteiligt gewesen sein; denn die Polizei fahndete nach ihm. Sie suchte ihn auch bei uns. Doch wir konnten nicht viel sagen. Wir waren selbst vollkommen überrascht. Omar war immer ein sehr zurückhaltender, höflicher junger Mann gewesen.«

Jehuda ließ sich sein Glas von Naemi erneut füllen und trank es in einem Zug leer.

»Fatimas Abreise war geplant. Das Ticket hatte ich besorgt. Die Koffer waren alle gepackt. Meine Frau und ich wollten unsere Tochter nach Tel Aviv zum Flughafen bringen. Doch als wir nach ihr riefen, war sie nicht mehr da. Hala ging in ihr Zimmer und kam mit einem Zettel zu mir zurück, auf dem uns Fatima mitteilte, daß sie zu Omar gegangen sei, um mit ihm für die arabische Sache zu kämpfen. Wir sollten nicht nach ihr suchen.«

Die Eiswürfel klirrten, als Jehuda das Glas auf den Tisch zurückstellte.

»Wir suchten unsere Tochter überall. Keinen Platz in der Altstadt ließen wir aus. Doch Fatima und Omar blieben unauffindbar. Über viele Stellen hinweg erfuhren wir, daß sie in Jordanien untergetaucht seien. Ich hoffe, daß Halas Bruder, Scheich Abd el Hadi, uns weiterhelfen kann. Mit seinem politischen Einfluß dürfte ihm das keine großen Schwierigkeiten machen, zumal sein Sohn noch im Geheimdienst tätig ist.«

Voller Mitleid blickte Naemi auf Jehuda und Hala. Wie gut verstand sie deren Kummer. Sie wußte, wie behütet Fatima aufgewachsen war. Von frühester Jugend an war ihr jeder Wunsch von den Augen abgelesen worden.

»Der Scheich kann euch bestimmt helfen. Doch im Moment ist er mit Elimelech in Damaskus. Sie werden erst in den nächsten Tagen zurückkehren. In der Zwischenzeit erholt euch hier und seid meine Gäste.«

Naemi mußte Hala ein Beruhigungsmittel geben, damit sie schlafen konnte. Viele Fragen drängten sich Naemi auf, die die Vergangenheit betrafen. Doch erst am nächsten Tag konnte sie wieder mit Jehuda reden.

Er erzählte, was sich alles in Jerusalem ereignet hatte und

kam dann auf Boas zu sprechen. »Er ist mir wie ein eigener Sohn. Nie hatte ich mit ihm Schwierigkeiten. Nach dem Militärdienst wird er Jura studieren und dann meine Anwaltspraxis übernehmen. Es gibt so unendlich viel zu tun. Viele meiner Klienten muß ich abweisen, weil ich es einfach nicht schaffe. Meine arabischen Freunde müssen um ihr Recht kämpfen.«

Er schwieg. Naemi hätte gerne noch mehr über seine Arbeit erfahren. Aber darüber wollte er nicht reden. Er wechselte das Thema und kam auf Olga zu sprechen.

»Von ihr soll ich grüßen. Sie weiß als einzige, daß wir hierher gefahren sind. Gerne wäre sie mitgekommen. Aber dieser Wunsch läßt sich zur Zeit nicht realisieren. Seit einem Vierteljahr ist Olga Abgeordnete ihrer Partei in der Knesset. Die Landwirtschaft hat sie ganz aufgegeben und wohnt nun in Tel Aviv bei ihrem Bruder.«

»Elimelech hat alle Verbindungen zu seiner Familie abgebrochen. Wir wissen nichts mehr.«

Jehuda seufzte, stellte sein ruheloses Hinundhergehen ein und nahm in einem der Korbsessel Platz.

»Mit jedem Jahr werden die Kowalskis reicher und mächtiger. Das Geschäft blüht mehr denn je. Noch immer ist Elimelechs Vater die graue Eminenz trotz seines hohen Alters. Ich habe Moshe Kowalski zu seinem 85. Geburtstag besucht und wollte mit ihm über Elimelech sprechen. Doch er lehnte ab und sagte nur, er hätte keinen Sohn, der diesen Namen trägt. Ich erreichte nichts. Auch bei der übrigen Familie stieß ich auf kalte Ablehnung. Man wollte von Elimelech nichts mehr hören.«

»Elimelech hat alles aufgegeben, was ihn mit Israel noch verbinden könnte«, erwiderte Naemi traurig.

»Wie froh wäre ich, würde noch einer meiner Verwandten leben.«

Jehuda schaute Naemi nachdenklich an und meinte nach einer Weile: »Die Vergangenheit stirbt nicht. Man kann sie nicht einfach abtöten. Irgendwann holt sie einen ein.«

Naemi nahm sich sehr viel Zeit für ihre Gäste. Sie genoß es, Besuch zu haben. Hala blieb meist im Haus, ruhte auf der

Terrasse, während Jehuda sich von Naemi alles zeigen ließ. Er fuhr mit Naemi hinaus auf die Felder und in das arabische Dorf, wo die meisten der Arbeiter wohnten. Er war begeistert von dem, was sein Neffe alles geschaffen hatte.

»Ja, er ist ein echter Kowalski«, sagte er voller Stolz.

»Sie besitzen alle den eisernen Willen, das zu verwirklichen, was sie sich vorgenommen haben.«

Naemi war froh, daß Elimelech mit Scheich Abd el Hadi aus Damaskus zurückkam, da sich Halas Zustand weiter verschlechterte.

Die beiden waren bester Laune, denn die Geschäfte konnten zu ihrer vollsten Zufriedenheit abgewickelt werden. Schon im nächsten Monat sollten die gesamten Maschinen geliefert werden.

Elimelech war zwar über den Besuch seines Onkels erstaunt, doch fand er ihn zu diesem Zeitpunkt ganz nützlich, konnte doch Jehuda als Rechtsanwalt die Kaufverträge auf ihre Rechtsgültigkeit hin überprüfen.

Scheich Abd el Hadi versprach auf dem schnellsten Weg Hilfe. Er tröstete seine Schwester, indem er ihr zusicherte, daß sich ihr Schmerz bald in Freude verwandeln sollte.

»Wenn Fatima in Jordanien ist, kann ich sie finden. Es wird jedoch etwas Zeit brauchen, denn die Flüchtlingslager sind groß. Aber mein Sohn Achmed hat gute Leute unter sich.«

Doch Fatima und Omar waren nicht zu finden, obwohl alle Flüchtlingslager, die sich um Amman herum gebildet hatten, durchsucht wurden. Auch in Damaskus und Beirut versuchte Achmed, die beiden ausfindig zu machen, doch ohne Erfolg. Sie blieben unauffindbar, so daß schon mit ihrem Tod gerechnet wurde.

Jehuda kehrte ohne seine Frau nach Jerusalem zurück. Hala blieb in Amman bei ihrem Bruder und dessen Familie. Sie wollte hier auf ihre Tochter warten. Naemi hatte Jehuda viele Briefe und Fotos ihrer Kinder mitgegeben für Olga und die vielen Freunde und Bekannten in Jerusalem. Doch auf alle ihre Briefe kam keine Antwort. Auch von Olga hörte sie nichts. Und so vergingen wieder Wochen und Monate.

Der Urlaub, den Elimelech mit seiner Familie geplant

hatte, mußte wie auch in den vergangenen Jahren verschoben werden, da gerade in dieser Zeit mit der Produktion in der Fabrik begonnen wurde.

Immer häufiger fuhr Elimelech nach Amman, um in der Baumwollspinnerei nach dem Rechten zu sehen. So ging nach und nach die Verwaltung der Plantage auf Raschid und auf Naemi über.

Machlon durfte seinen Vater mehrmals nach Amman begleiten. Als ältestem Sohn wollte Elimelech ihm so früh wie möglich Einblicke in seine gesamte Arbeit verschaffen. Kilion dagegen verbrachte die meiste Zeit mit seinen arabischen Freunden, spielte mit ihnen auf dem Dorfplatz Fußball und jagte in den Bergen Kaninchen.

Kam Elimelech für kurze Zeit zurück, mußten immer wieder Angelegenheiten vom Dorf mit dem Muchtar besprochen werden. Die Bevölkerung hatte sich im letzten Jahr fast verdoppelt, und die Männer drängten den Muchtar immer mehr, für einen Imam zu sorgen. Elimelech wußte um diesen Wunsch, doch hatte sich lange dagegen gesträubt. Er traute den heiligen Männern nicht, denn viele verbreiteten Unruhe unter den Leuten. Elimelech wollte Religion und Politik so weit wie möglich von sich fern halten.

Da sich die Grenzzwischenfälle in den letzten Monaten häuften, führten Polizei und Militär verschärfte Kontrollen in den Lagern durch.

Elimelech forderte den Muchtar auf, Platz zu nehmen, und Naemi brachte die Wasserpfeife und auf einem Tablett türkischen Kaffee. Dann zog sie sich wieder zurück.

Nachdem die üblichen Höflichkeiten ausgetauscht waren, kam der Muchtar schnell zu Sache: »Für die Moschee und die Schule haben wir jetzt einen Imam gefunden. Muhammed Karame hat in Amman von unserem Wunsch erfahren und ist schon gestern mit seiner Frau bei uns eingetroffen. Wir haben ihm das Gästehaus neben der Moschee zugewiesen. Dort wird er vorerst wohnen. Es wäre gut, wenn du mich in das Dorf begleiten würdest. Dann könntest du selbst mit dem Imam reden.«

Elimelech wollte zwar mit Raschid noch auf die Felder

gehen, gab dann aber dem Wunsch des Muchtar nach.

Als er am frühen Abend zurückkehrte, merkte Naemi, daß er die Freude des Muchtar und seiner Leute nicht ganz teilte.

»Du hast mit dem Imam gesprochen?«

Elimelech nickte nachdenklich.

»Wir müssen vorsichtig sein. Dieser Mann kann uns viel Ärger bereiten. Er ist in seinen Ansichten sehr intolerant.«

Raschid kam zum Nachtessen, und es wurde über die Arbeit gesprochen, die auf den Feldern anstand.

Naemi bat Elimelech, während der Ernte hierzubleiben, doch er lehnte ab: »Das muß in diesem Jahr ohne mich gehen, ich kann nur tageweise kommen. Schneller als erwartet, können wir einen Plan verwirklichen, den wir schon lange ins Auge gefaßt hatten. Wir werden in der Stadt ein Hotel bauen. Die Genehmigung wurde uns schon erteilt.«

Naemi erschrak. Erst die Fabrik, jetzt schon ein Hotel. Sie wußte, daß darüber schon früher einmal geredet worden war. Doch daß sich dieses Projekt so schnell realisieren würde, hatte sie für unmöglich gehalten.

»Elimelech, wird es nicht zuviel? Du übernimmst dich! Wie willst du allem gerecht werden?«

Elimelech beruhigte Naemi. Er verstand ihre Ängste nicht und versuchte, ihre Bedenken zu zerstreuen.

»Die Konditionen waren noch nie so günstig. Man muß zugreifen, wenn man Gewinne machen will. Ich habe in Scheich Abd el Hadi einen sehr guten Partner.«

Elimelech lehnte sich zufrieden zurück und zog Naemi an seine Seite, ehe er fortfuhr, seine Pläne weiter vor ihr auszubreiten. Auch Raschid war von allem begeistert und stimmte Elimelech zu.

»Raschid und Leila werden die Plantage hier weiter verwalten, und du könntest das Hotel führen. Du sprichst Englisch und Französisch, ideal für ausländische Gäste, denn bald wird der Touristenstrom fließen. Und noch etwas kommt hinzu: Kilion und Machlon werden die Schule in der Hauptstadt besuchen. Das habe ich schon über den Scheich arrangiert. Er hat mir eines der besten Institute empfohlen. Dort sind auch seine Kinder zur Schule gegangen. Das

Schulgebäude wird zur Zeit renoviert und das Internat vergrößert. Es wird noch einige Monate dauern, bis unsere Söhne die Schule wechseln können.«

Der Sommer verging für Naemi mit viel Arbeit und wenig Freizeit. Nach den Ferien besuchten Kilion und Machlon wieder die Schule im Dorf. Dort hatte eine neue Ordnung Einzug gehalten, denn nun bestimmte der Imam, was zu lernen war. Anfangs fügten sich die Kinder. Aber als die Strafen immer härter wurden, wenn sie bestimmte Koranverse nicht gelernt hatten, meuterten auch Kilion und Machlon. Der junge Lehrer hatte sich zurückgezogen, und bald verließ er die Schule. Der Imam regierte nun allein und bestimmte, was Recht und Unrecht war. Selbst der Muchtar mußte sich beugen, da die Mehrheit der Männer auf Seiten des Imam waren.

Machlon und Kilion taten sich immer schwerer mit den neuen Unterrichtsmethoden. Der Imam isolierte sie immer mehr von den anderen Kindern. Da sie die Söhne des reichen Großgrundbesitzers waren, gehörten sie für ihn zur ausbeuterischen Klasse, die man bekämpfen mußte.

Machlon wollte nicht mehr zur Schule gehen und täuschte Krankheit vor. Er hatte weder Fieber noch war ihm übel. Auch Kilion hatte sich schon seit Tagen dem Unterricht ferngehalten. Davon erfuhr Naemi erst jetzt.

»Der Imam hat meinen Bruder und mich vor der ganzen Klasse beschimpft, unser Vater hätte sich das ganze Land zu Unrecht angeeignet. Und ein Araber wäre er auch nicht. Er sagte noch viele andere böse Dinge.« Machlon sah, wie seine Mutter zusammenzuckte.

»Mama, hat der Imam recht? Die Jungen in der Klasse haben schon begonnen, uns Juden zu schimpfen.«

Naemi wußte nicht, ob sie den Söhnen die Wahrheit sagen sollte. Konnten sie unter diesen Umständen damit leben? Aber vielleicht war es besser, wenn sie alles von ihr erfuhren als von einer anderen Seite. Naemi setzte sich zu Machlon auf das Bett und bat auch Kilion, neben ihr Platz zu nehmen.

»Das ganze Land, das von uns bearbeitet wird, hat euer

Vater rechtmäßig erworben zu den Grundstücken, die er von früher her über seine Familie besessen hatte. Er besitzt die jordanische Staatsbürgerschaft so wie ich und ihr beide.«

Sie fühlte die Spannung von Machlon und Kilion. Noch ehe sie weiter fragten, fuhr sie fort: »Der Imam sagte die Wahrheit: Vater und ich sind keine Araber. Wir sind Juden. Euer Vater wurde in Israel geboren, ich in Deutschland.«

Mit großen, weit aufgerissenen Augen blickten Machlon und Kilion ihre Mutter an. Sie verstanden zuerst nicht. Erst langsam dämmerte ihnen die Wahrheit, und sie bestürmten Naemi mit Fragen.

Geduldig beantwortete sie eine nach der anderen. Es war für sie gut, einmal über alles sprechen zu können.

Danach schwieg Machlon lange. Naemi spürte, daß er durch das, was sie ihnen mitgeteilt hatte, in eine tiefe Krise stürzte. Er fühlte sich seiner Identität beraubt. Sie waren weder Araber noch Juden. Damit mußten sie sich erst auseinandersetzen.

Kilion blickte finster vor sich hin. Er war tief verunsichert und wußte nicht, wie er sich verhalten sollte.

Naemi redete noch lange mit ihnen.

»Euer Vater will, daß ihr wie Jordanier aufwachsen sollt. Ihr seid hier geboren. Nichts unterscheidet euch von den anderen Jungen.«

Kilion hörte nicht weiter zu. Er stand auf und lief wortlos hinaus.

Als Naemi ihm nachgehen wollte, hielt Machlon sie zurück.

»Laß ihn gehen, Mama! Er wird wiederkommen. Er braucht jetzt erst einmal Zeit, um über alles nachzudenken. Das dauert bei Kilion immer länger.« Machlon schlug die Decke zurück und stand auf. Er zog sich an und schlüpfte in seine Sandalen.

»Ich bin also ein Israeli.« Immer wieder sagte er dies, so als müßte er sich das einprägen.

Stumm saß Naemi da und schaute Machlon traurig an.

»Es ist gut, daß ich die Wahrheit weiß«, meinte er nach einer Weile.

»Du bist ein palästinensischer Junge wie alle anderen auch. Palästina ist deine Heimat.« Naemis Stimme wurde fester. »Machlon, ist es nicht gleichgültig, ob man da Jude oder Araber ist? Das mußt du deinem Bruder erklären, denn so sieht es auch euer Vater. Palästina ist unser aller Land, die Heimat der Araber und der Juden. Wir müssen lernen, miteinander zu leben. Jeder sollte den andern achten.«

Es war schon dunkel, als Kilion endlich zurückkehrte, durchnäßt und schmutzig. Stunden war er allein in den Bergen herumgeirrt. Daß es regnete und stürmte, beachtete er nicht.

Schweigend saßen sie am Tisch. Erst als Naemi das Geschirr abräumte, sagte Machlon:

»Ich werde nicht mehr in die Schule gehen.«

Naemi war damit nicht einverstanden. »Nein«, sagte sie, »das finde ich nicht gut, wenn ihr jetzt beide wegbleiben würdet. Geht noch so lange, bis euer Vater wieder hier ist. Ich werde mit ihm noch heute abend telefonieren.«

Naemi verbrachte die folgenden Wochen in ständiger Unruhe. Sie hoffte, daß Elimelech endlich aus Amman kommen würde. Wider Erwarten blieb alles ruhig. Kilion und Machlon besuchten wieder regelmäßig den Unterricht. Die beiden hatten sich geändert. Sie waren nicht mehr die unbeschwerten Kinder von einst.

Es war Abend, als Naemi das schwere Eisentor schloß und den Riegel vorlegte. Plötzlich sah sie Leilas Mutter kommen. Diese winkte aufgeregt und trat an das Tor.

»Wir brauchen deine Hilfe«, bat sie. »Die Frau des Imam liegt schon über einen Tag in den Wehen. Sie kann nicht gebären.«

Naemi zögerte. Der Gedanke, in das Haus des Imam zu gehen, machte ihr Angst. Doch dann entschloß sie sich, Leilas Mutter zu folgen. Seit der Imam das dörfliche Geschehen beeinflußte, hielt sie sich zurück und besuchte nicht mehr die Frauen im Dorf.

Der Wind peitschte den beiden Frauen den Regen ins Gesicht. In der mondlosen Nacht war der Weg kaum zu erkennen. Das Dorf lag ganz im Dunkeln. Ein Hund schlug an, riß an der Kette, als die beiden Frauen sich dem Haus des Imam näherten. Der niedere Raum war nur dürftig von einer Petroleumlampe erhellt, und auf dem Bett lag stöhnend eine Frau. Man machte Naemi sofort Platz, so daß sie an das Bett gehen konnte.

Naemi untersuchte die Frau. Die Herztöne des Kindes konnte sie kaum hören. »Holt ihren Mann«, befahl sie schnell. Es dauerte keine Minute, da stand der Imam im Zimmer. Er mußte draußen gewartet haben.

»Was ist mit dem Kind?« fragte er barsch, und der Blick seiner fanatischen Augen fixierten Naemi. »Man sagte mir, du wärest Krankenschwester, du könntest helfen. Darum habe ich dich holen lassen.«

»Ich kann keine Wunder vollbringen. Deine Frau hättest du schon bei Beginn der Wehen in die Klinik bringen müssen, so wie es dir die Frauen vorgeschlagen hatten. Das Kind hat nicht die richtige Lage. Du mußt schnell nach einem Arzt schicken.«

»Meine Frau war immer gesund. Sie wird auch jetzt ohne Arzt auskommen. Ein Arzt kostet viel Geld. Ich habe zu Allah gebetet, er wird helfen, er hat immer geholfen.«

Naemi verabscheute diesen Mann, der kein einziges tröstendes Wort für seine Frau übrig hatte. Er ging wieder hinaus und ließ die Frauen allein.

Naemi betete im stillen, Gott möge dieser Frau beistehen und ihr helfen, daß sie am Leben blieb.

Als der Morgen anbrach, kam das Kind tot auf die Welt. Die Frau war sehr schwach. Sie hatte viel Blut verloren. Naemi wagte es nicht, von ihrem Bett zu gehen. Noch immer hoffte sie, der Imam hätte ein Einsehen und würde einen Arzt rufen lassen. Sie hatte noch einmal den Muchtar zu ihm in die Moschee geschickt mit der Bitte, daß seine Frau ärztliche Hilfe brauchte. Doch ein Arzt kam den ganzen Tag über nicht.

»Sie hat sich so auf das Kind gefreut«, sagte Leilas Mutter. »Er wird sie jetzt verstoßen, denn es war das dritte Kind, das tot auf die Welt gekommen ist.«

»In einem Krankenhaus hätte man ihr helfen können, auch das Kind würde leben«, entgegnete Naemi müde und entmutigt über die Ignoranz, die ihr hier überall begegnete.

Naemis unermüdlichen Pflege war es zu danken, daß die Frau mit dem Leben davonkam. Gerne hätte sie sie zu sich auf die Plantage geholt, doch das duldete der Imam nicht. In den wenigen Tagen, die sie mit der Frau verbrachte, war sie noch viel enger mit dem Lebensschicksal dieser Araberin vertraut geworden. Naemi erfuhr viel über ihr hartes Leben, das in einem Dorf in der Nähe von Nazareth seinen Anfang genommen hatte. Ihre Familie verheiratete sie mit diesem viel älteren Mann, und ihr Leidensweg führte von einem Lager zum anderen.

Ihr Leben an der Seite dieses fanatischen und geizigen Mannes barg wenig Freude. Er eiferte zwar dem Propheten nach, doch insgeheim verfolgte er politische Ziele und sorgte überall für Unruhe.

Naemi kehrte in ihr Haus zurück, schickte aber immer wieder Leila mit Lebensmitteln zu der Frau des Imam, bis Leila eines Tages alles wieder mitbrachte.

»Der Imam wünscht keine Almosen mehr.«

»Und seine Frau?«

»Er hat sie zu ihrer Familie zurückgeschickt.«

Naemi sagte nichts. Sie hatte befürchtet, daß dies eintreten würde. Doch was hätte sie dagegen tun können? Für viele im Dorf war der Imam ein heiliger Mann, weil er schon mehrmals in Mekka gewesen war.

Die Macht, die von ihm ausging, wurde immer bedrohlicher. Flugblätter tauchten auf, Parolen wurden an Mauern und Bäumen angebracht.

Die Männer wurden unruhig. Sie forderten mehr Lohn und setzten Raschid unter Druck. Leila weinte, als sie Naemi anvertraute, daß Raschid weggehen wollte. Naemi versuchte, Leila zu trösten.

»Ich werde mit meinem Mann telefonieren. Er muß die Angelegenheit mit dem Imam und deinem Vater, dem Muchtar, regeln.«

Elimelech kam schon am selben Abend und fuhr sofort ins

Dorf, wo er nach einem viele Stunden dauernden Palaver erreichte, daß die Männer wieder ihre Arbeit aufnahmen. Doch das Arbeitsklima blieb gespannt, obwohl mehr Lohn gezahlt wurde. Es war gut, daß Elimelech auf der Plantage blieb und Raschid nicht allein ließ, denn gegen ihn waren schon Morddrohungen ausgesprochen worden.

Als die Baumwollernte in vollem Gang war, kam es plötzlich zu spontanen Arbeitsniederlegungen. Elimelechs Geduld war am Ende. Er drohte, alle zu entlassen und sich neue Männer in den Lagern von Amman anzuwerben. Wieder vermittelte Raschid. Doch das Tauziehen ging hin und her, bis Scheich Abd el Hadi erschien und eine Unterredung mit dem Imam hatte. Sie dauerte nur eine Viertelstunde. Am nächsten Tag war der Imam verschwunden. Im Dorf kehrte wieder Ruhe ein, und auf den Feldern arbeiteten die Männer und Frauen wie in früheren Zeiten.

Für einige Wochen blieb die Schule verwaist. Erst im Oktober kamen ein neuer Lehrer und eine Lehrerin aus der Hauptstadt.

Auf den Feldern wurde gepflügt und gesät. Häufig begleitete Machlon Raschid bei seiner Arbeit. Kilion dagegen war wieder mehr bei seinen Schulfreunden im Dorf. Er wollte Araber sein wie sie alle.

Naemi wurde erst unruhig, als sie von Leila hörte, daß in den Bergen ein Trainingslager der Al Fatah errichtet wurde, wo ihre jüngeren Brüder hingingen.

Zuerst glaubten alle, es sei ein harmloses Ferienlager, bis die Sportübungen sich zu Wehrübungen entwickelten. Auch Kilion war dort und nahm an Schießübungen teil.

Naemi sprach mit Elimelech darüber. Er war etwas ungehalten, daß sie ihn gerade jetzt bei den abendlichen Fernsehnachrichten damit belästigte.

»Ich will nicht, daß Kilion an diesen Übungen der Al Fatah teilnimmt und zum Schluß ein Fedajin wird.«

»Naemi, du siehst wieder einmal zu schwarz. Gestern war ich mit Raschid im Lager. Es wird aufgelöst. Die Männer halten sich an die Anweisungen der Militärpolizei, die schon Kontrollen durchgeführt hat. Bald wird wieder Ruhe einziehen und der Spuk ist vorbei. Kilion wird dann mit seinen Freunden wieder auf Kaninchenjagd gehen.«

Naemi war davon nicht überzeugt. Es war nicht das erste Lager, das abgebrochen wurde und an anderer Stelle neu entstand. Es dauerte keine zwei Wochen, da war Kilion wieder verschwunden und blieb den ganzen Tag über weg. Auch in der Nacht kehrte er nicht zurück. Naemi wurde fast verrückt vor Angst, denn Elimelech war wieder in Amman und hatte auch Machlon mitgenommen.

Raschid suchte überall nach Kilion. Außer ihm waren noch andere Jungen aus dem Dorf verschwunden, gerade die, die in dem Lager der Al Fatah aus- und eingegangen waren.

Kilion kehrte erst am folgenden Tag mit blutverschmierten Kleidern und völlig verstört zurück.

Naemi war so aufgebracht und zornig, daß sie ihn am liebsten geschlagen hätte.

»Geh sofort unter die Dusche«, forderte sie ihn wütend auf, »dann werden wir weiterreden.«

Wortlos ging Kilian ins Bad und erschien kurz darauf wieder in frischen Jeans und einem sauberen Hemd. Mit seinen 13 Jahren war er ein hoch aufgeschossener magerer Junge, der schon einen Kopf größer war als seine Mutter.

»Setz dich!« forderte ihn Naemi auf. »Wo bist du gewesen? Raschid hat überall nach dir gesucht. Wir dachten schon, du hättest einen Unfall gehabt.«

Kilion saß mit hängenden Schultern und wachsbleich auf dem Stuhl. Er wagte nicht aufzuschauen. Naemi ahnte, daß etwas Schlimmes vorgefallen war. So hatte sie Kilion noch nie gesehen. Er war vollkommen aus dem Gleichgewicht.

»Mein Freund Jamil ist tot. Er ist verblutet«, brachte er nach einer Weile stotternd über die Lippen. Ein Zittern überfiel ihn, und Tränen liefen plötzlich über seine Wangen.

Naemi erschrak. Ihr Herz begann wild zu klopfen. Sie legte ihre Hand auf Kilions Hände, um sie ruhig zu halten.

Plötzlich umarmte er sie.

»Mama, Jamil starb so schnell. Wir konnten nichts für ihn tun.«

Erst nach einer Weile konnte Kilion erzählen, was sich

ereignet hatte. »Es war eine Mutprobe für uns alle. Wir hatten Waffen über den Jordan zu bringen. Jeder von uns trug zwei Pistolen und Munition unter der Jacke. Alles ging gut. Die Waffen wurden übergeben, und wir waren schon auf dem Heimweg, als unser ägyptischer Fahrer in Panik geriet. Er glaubte, wir würden verfolgt. In einer Kurve überschlug sich der Jeep. Wir kamen alle mit dem Schrecken davon, nur Jamil hatte sich den Oberschenkel aufgerissen. Er blutete, und wir hatten kein Verbandsmaterial.

Notdürftig banden wir mit einem Gürtel den Schenkel ab. Der Ägypter jedoch hatte Angst, eine Ambulanz aufzusuchen. Er fürchtete das Militär, dieser Schlappschwanz! Jamil starb im Auto. Er ist jetzt im Dorf bei seiner Mutter.«

Naemi hielt Kilion lange in ihren Armen – so wie sie es getan hatte, als er noch ein kleiner Junge gewesen war. Lange konnte er sich nicht beruhigen. Immer wieder redete er von Jamil und dem Unfall.

Naemi saß die halbe Nacht bei ihm, bis er endlich Ruhe fand und einschlief.

Kilion durfte an der Beerdigung seines Freundes nicht teilnehmen. Das erlaubten weder Elimelech noch Naemi. Zu sehr brodelten die Emotionen unter den Leuten.

Für Elimelech war dieser Vorfall ein Grund, seine beiden Söhne noch im selben Monat nach Amman mitzunehmen. Er brachte sie dort in der Familie des Scheichs Abd el Hadi unter, bis sie in die neue Schule gehen konnten.

2.

Nachdem die beiden Jungen nicht mehr im Haus weilten, fühlte sich Naemi recht einsam. Sie vergrub sich noch mehr in die Arbeit. Elimelech war noch häufiger weg. Und so war sie mit Raschid und Leila oft Wochen allein, um die riesige Plantage zu verwalten. Sie kümmerte sich um die gepflückte Baumwolle, daß sie rechtzeitig nach Amman geliefert wurde, und sorgte dafür, daß Orangen und Zitronen auf die Großmärkte kamen.

Immer häufiger kam es im Land zu Zwischenfällen mit dem Militär und den PLO-Kämpfern. Kommandos der Al Fatah führten Anschläge auf israelische Einrichtungen durch. Getreidesilos wurden gesprengt, Autos beschossen. Aber auch auf jordanischer Seite gab es immer wieder Überfälle und Attentate.

Im Februar 1966 führte der syrische Geheimdienst eine große Verhaftungswelle durch, bei der viele führende PLO-Funktionäre, aber auch Omar und Jehudas Tochter Fatima ins Gefängnis kamen.

Durch seinen Sohn Achmed erfuhr Scheich Abd el Hadi schon am nächsten Tag davon, und so kamen die beiden nach zwei Wochen wieder auf freien Fuß. Abd el Hadi sorgte dafür, daß seine Nichte Fatima mit ihrem Freund Omar Damaskus ungehindert verlassen konnte. Elimelech nahm das Paar bei sich auf der Plantage auf.

Naemi erschrak, als sie die junge Frau zu Gesicht bekam. Nichts war geblieben von der grazilen Schönheit Fatimas. Sie schien um Jahre gealtert und war nur noch ein Bündel Angst. Hochschwanger kauerte sie auf dem Stuhl und war kaum ansprechbar. Sie litt unter Fieberschüben und hustete beständig.

»Seit wann ist Fatima so krank?« fragte Naemi den bärtigen, hohlwangigen jungen Mann, der sich heißhungrig über das frischgebackene Fladenbrot und den Käse hermachte.

Als er das Essen hinuntergewürgt hatte, gab er endlich Antwort auf Naemis Frage. »Fatima ist schon lange erkältet. Alles verschlimmerte sich noch in dem elenden Rattenloch, in das sie uns eingesperrt hatten. Es gab keine Medikamente. Immer war es kalt und zugig.«

»Du hättest Fatima gleich nach eurer Entlassung zum Arzt bringen müssen.«

Omar zuckte resigniert die Schultern. Es schien ihn wenig zu rühren, daß seine Freundin sich in so einem elenden Zustand befand. Er dachte nur an seine politischen Aufträge, die er unbedingt und unverzüglich zu erfüllen suchte. Dafür brauchte er das ganze Geld, das man ihm gegeben hatte, um all die Flugblätter und Plakate drucken zu lassen.

Aber was sollte er darüber viele Worte verlieren. Keiner würde ihn verstehen.

Naemi kümmerte sich um Fatima und sorgte dafür, daß sie sich niederlegen konnte. Omar blieb nur den einen Tag, dann ging er weg. Raschid konnte nur sagen, daß er ihn auf die Straße laufen sah, wo er ein Auto anhielt, das ihn in Richtung Amman mitnahm.

Elimelech war darüber außer sich vor Zorn und machte Fatima Vorwürfe. Doch diese gab darauf keine Antwort. Omar hatte seine Aufgabe, das wußte sie, und diese mußte er erfüllen. Ihre Krankheit und die Schwangerschaft hatten ihn in vielem gehindert. Nun war sie für ihn in Sicherheit, und er konnte weiter für die PLO arbeiten. Naemi erfuhr erst viel später, daß Omar als Verbindungsmann der Al Fatah zwischen den einzelnen Lagern im Gazastreifen und denen auf der Westbank unterwegs war.

Als der Scheich nach zwei Tagen aus Amman kam, war er über Omars Verschwinden sehr aufgebracht. Er hätte ihn zu einem Verhör zu Achmed, seinem Sohn, bringen sollen. Fatima war auch ihm gegenüber zu keiner Erklärung bereit und lehnte es entschieden ab, zu ihren Eltern gebracht zu werden.

»Es ist besser für meine Mutter und für meinen Vater, wenn sie glauben, ich sei gestorben«, erwiderte sie. Naemi spürte, wie der Zorn des Scheichs wuchs. Sie wollte verhindern, daß es zu einer großen Auseinandersetzung kam.

»Fatima wird bei uns bleiben«, bestimmte sie. »Das Kind kann hier zur Welt kommen. In ihrem jetzigen Zustand kann sie unmöglich nach Israel reisen.«

Dies sah auch Scheich Abd el Hadi ein. Er winkte Elimelech nach draußen und fuhr dann, ohne sich zu verabschieden, davon.

Das Kind wurde drei Tage später geboren. Das Mädchen war schwach und kränklich. Naemi hätte den Säugling am liebsten sofort in die Kinderklinik nach Amman gefahren. Doch davon wollte Fatima nichts wissen. Sie bat Naemi um eine größere Summe Geld.

»Ich habe mich entschlossen, mit der Kleinen nach Jerusalem zu meinen Eltern zu gehen. Ich kann hier nicht länger bleiben.«

Naemi gab Fatima das gewünschte Geld. Sie ahnte, daß Fatima ihren Onkel fürchtete und so schnell wie möglich weg wollte. Sie ahnte, auch ihre Eltern waren nur ein Vorwand. Fatima wollte so schnell wie möglich zu Omar, dessen Unterschlupf nur sie allein wußte.

Fatima war am nächsten Morgen ohne ein Wort des Dankes gegangen. Zwei Tage später traf Jehuda auf der Plantage ein, bitter enttäuscht, seine Tochter nicht mehr vorzufinden. Er war von seinem Schwager Scheich Abd el Hadi benachrichtigt worden.

»Warum konntest du sie nicht länger bei dir behalten?« machte er Naemi Vorhaltungen. »Sie hatte doch das Kind. Bestimmt war sie noch nicht gesund. Wie konnte sie nur in diesem Zustand weggehen. Wenn sie wenigstens das Kind hiergelassen hätte.«

In allem, was er sagte, trat die große Verzweiflung zutage, in der er sich befand. Er begriff überhaupt nicht, warum Fatima, die früher ein so folgsames und anschmiegsames Kind gewesen war, sich so verhielt.

Naemi redete auf Jehuda ein und versuchte, ihn zu trösten, indem sie sagte, daß er Geduld haben solle. Fatima würde eines Tages zurückkommen. Naemi wußte, es waren leere Worte, die Jehuda nicht weiterhalfen. Er würde sich erneut auf die Suche nach ihr machen.

Es wurde Frühling. Da Elimelech wieder in Amman weilte, fuhr Naemi mit Raschid hinaus auf die Felder, um dort nach den Arbeitern zu sehen, die ein neues Stück Land umbrachen und mit jungen Bäumchen bepflanzten.

Die Natur zeigte sich in ihrer Überfülle von Blüten und jungem Grün, das die ganzen Berghänge überzog. Hier spürte man nichts von der drohenden Kriegsgefahr, die fast jeden Tag im Radio und in den Zeitungen beschworen wurde.

Sie stiegen aus dem Jeep, und Raschid ging mitten hinein in das blühende Baumwollfeld. Der Wind bauschte seine rotweißgestreifte Kafiya, und Naemi sah, wie er die Sträucher und Blüten kontrollierte. »Wenn nichts dazwischen kommt, werden wir in diesem Jahr eine sehr gute Ernte haben. Ich werde gleich heute mittag alle Sträucher noch einmal besprühen lassen. Ein Glück, daß wir auch hier Wasserleitungen verlegt haben.«

Er zeigte zu dem Bauern hinüber, der mit einem mageren Dromedar sein steiniges Feld pflügte.

»Auch er könnte es besser haben, wenn er sich unserer Genossenschaft angeschlossen hätte. Er wird säen, aber seine Pflanzen werden wieder verdorren, weil das Wasser fehlt.«

»So rede doch noch einmal mit ihm«, forderte Naemi Raschid auf.

Raschid winkte, doch der Bauer drohte nur mit der geballten Faust und schrie einen Fluch herüber. Ärgerlich wandte sich Raschid ab. »Er ist unbelehrbar und auch neidisch. Sie gönnen uns den Erfolg nicht und bebauen ihre Felder noch wie vor tausend Jahren.

Das ganze Tal könnte man mit dem Wasser fruchtbar machen. Sie müßten sich uns nur anschließen.«

In vielem, was Raschid sagte, hörte Naemi Elimelechs Meinungen.

Elimelech war für ihn zum großen Vorbild geworden, dem er in allem nacheiferte.

Sie mußten einer größeren Militärkolonne ausweichen, als sie zurückfuhren. Raschid wurde blaß.

»Es ist soweit«, sagte er dumpf. »Das Militär wird die beiden Berge besetzen.«

»Die neuen Olivenkulturen? Wir haben doch gestern noch darin gearbeitet, Unkraut gejätet, die Bäumchen beschnitten.«

»Wir können nichts tun, als sie zu dulden. Die Sicherheit unseres Landes geht vor.«

Überraschend kam Elimelech am Wochenende auf die Plantage und überredete Naemi, alles hier aufzugeben und nach Amman zu gehen.

»Es wird Krieg geben. In der Stadt bist du in Sicherheit, während es hier wahrscheinlich zu Kampfhandlungen kommen wird. So wurde ich über unseren Freund unterrichtet.«

Schweren Herzens packte Naemi ihre Koffer. Ein Trost war ihr nur, daß sie in Amman ihren Söhnen näher war und vielleicht auch wieder mit ihnen zusammen wohnen konnte.

Elimelech fuhr Naemi selbst in die Stadt. Amman glich einem aufgestörten Ameisenhaufen. Die Unruhe übertrug sich auch auf Elimelech, der sich fluchend und schimpfend einen Weg durch die verstopften Straßen suchte.

Endlich erreichten sie den Parkplatz vor dem neuen Hotel. Auch hier gab es Demonstrationen, stecken gebliebene Autos, Polizeifahrzeuge mit heulenden Sirenen.

»Vielleicht wäre es doch besser, du würdest in das Haus von Scheich Abd el Hadi gehen, als hier in dem Bungalow neben dem halbfertigen Hotelbau allein zu wohnen«, sagte Elimelech, bevor er ausstieg.

Naemi blieb bei ihrer Entscheidung.

»Ich bin lieber für mich allein. Unsere Söhne können zu mir ziehen.«

Seufzend stieg Elimelech aus, nahm die Koffer aus dem Wagen und führte Naemi über den provisorischen Brettersteg in das Haus. Sie durchquerten das Foyer des Hotels. Noch waren die Betonwände roh und unverputzt. Leitungen waren nur zum Teil verlegt.

»Tamir, der jüngste Sohn von Scheich Abd el Hadi, wollte doch die gesamten Arbeiten überwachen? Ist er nicht hier?«

Elimelech machte seinem Unmut Luft.

»Ich kann nicht überall sein. Abmachungen wurden in der letzten Zeit nicht eingehalten. Tamir ist noch immer in Damaskus und mit seiner Arbeit an der Universität beschäftigt. Ich werde von einem Monat auf den anderen vertröstet.

Vielleicht ist es gut, wenn du hier wohnst. Dann werden die Handwerker wenigstens regelmäßiger erscheinen, wenn sie wissen, daß sie einer überwacht.«

Der flache Bungalow schloß sich direkt an den Hotelbau an. Alles roch auch hier noch nach frischer Farbe und lackiertem Holz. Doch bis auf das letzte Bild war hier alles eingerichtet. Selbst die beiden Fremdenzimmer waren möbliert.

Naemi bedauerte, daß sie Leila nicht hatte überreden können mitzugehen, obwohl es Raschid gerne gehabt hätte. Aber sie wollte ihn auf keinen Fall allein lassen.

Elimelech ließ überall die Rolläden herunter, erst dann knipste er alle Lampen an. Auf den schweren Teppichen standen Ledersessel, und an den Wänden standen Schränke aus Eichenholz. Elimelech hatte für die Einrichtungen sehr viel Geld ausgegeben. Er wollte damit auch seinen Freunden gegenüber repräsentieren. »Ich hoffe, daß du dich hier wohlfühlst«, meinte er voller Stolz zu Naemi.

»Es wäre schön, könntest du in den kommenden Wochen mit mir hier wohnen.«

Er lehnte ab.

»Gerne würde ich deinem Wunsch nachkommen, doch das läßt sich gerade jetzt nicht realisieren.«

Er zeigte auf die Rechnungen, die in einem Stapel auf dem großen Schreibtisch unter dem Fenster lagen.

»Wir müssen sie heute noch zusammen durchgehen, damit du gleich morgen reklamieren kannst, wenn etwas nicht stimmt.«

Neben dem Essen ging er auf den Listen die verschiedenen Posten durch. Naemis Gedanken wichen ab. Sie hätte viel lieber mit Elimelech über andere Dinge geredet. Sie wußte, daß der drohende Krieg viele seiner Pläne störte. Er wollte nichts von dem verlieren, was er so mühsam aufgebaut hatte und suchte nun überall nach Sicherheiten. Naemi strich Elimelech über die gefurchte Stirn.

»Gönne dir doch mehr Ruhe! Du hetzt von einem Termin zum anderen.«

Er seufzte: »Raschid erwartet mich schon in den nächsten Tagen. Ich muß zur Plantage, weil ich nicht noch mehr Land an das Militär abgeben will.«

Naemi konnte sich der aufkommenden Traurigkeit nicht erwehren. Nie blieb Zeit für private Dinge. Wie lange war es schon her, daß Elimelech mit ihr einen Stadtbummel gemacht hatte, daß sie in einer Bar einen Kaffee tranken.

Früh am Morgen ging ein heftiges Gewitter nieder, und die abschüssigen Straßen in der Stadt verwandelten sich in reißende Bäche. Elimelech und Naemi besuchten die Villa, die die Familie des Scheichs bewohnte. Noch immer war Scheich Abd el Hadi in Ägypten, wo er mit einer Abordnung des jordanischen Königs Verhandlungen über ein Militärabkommen führte.

Naemi saß mit den Frauen in deren großen Salon, knabberte an Honigplätzchen und trank gesüßten Tee. Unter den Tanten, Schwägerinnen und Nichten führte die Frau des Scheichs das Wort. So berichtete sie, daß Omar und Fatima in Amman gesehen worden seien. Als Naemi mehr wissen wollte, wurde das Thema gewechselt. Man rechnete Fatima nicht mehr zur Familie, denn sie hatte Schande über die ganze Familie gebracht.

Elimelech verbrachte die Stunden bei Achmed. Da sein Vater nicht anwesend war, führte er die Geschäfte und galt als Oberhaupt der Familie. Er fand es nicht gut, daß Naemi allein in dem Bungalow lebte. Elimelech konnte ihn nur mit Mühe davon abhalten zu veranlassen, daß Naemi noch am selben Tag in die Villa übersiedelte.

Achmed war für Elimelech ein undurchsichtiger Mann. Wollte er Naemi unter Kontrolle haben und somit auch ihn selbst? Abd el Hadi sprach nicht sehr oft von seinem Sohn. Auch er schien ihn immer mehr zu fürchten. So weihte er ihn auch nicht mehr in alle Sachen ein. Das hatte Elimelech jetzt herausbekommen.

Naemi war froh, als sie sich nach dem üppigen Mittagessen endlich verabschieden konnten.

»Ein Glück, daß wir einen Termin in der Schule haben, sonst hätten wir noch bis zum Abend Konversation betreiben müssen. Alle sind so furchtbar neugierig. Alles wollten die Frauen über mein Leben auf der Plantage wissen. Dabei gibt es darüber gar nicht viel zu erzählen.«

Der Unterricht war zu Ende. Die Schüler stürmten aus den Schulsälen und füllten den breiten Flur. In einer Gruppe Gleichaltriger entdeckte Naemi Machlon. Sie rief ihn, und Machlon kam erstaunt auf seine Mutter zu.

»Mama, du bist hier? Ist Vater auch mitgekommen?«

»Vater ist im Büro des Direktors, der ihn wegen deinem Bruder sprechen wollte. Ich warte hier schon eine ganze Weile.«

Sie gaben sich recht förmlich die Hand. Seine Mutter vor all den vielen Kameraden zu umarmen, das wagte Machlon nicht. Aber in seinen Augen stand die Freude über ihren Besuch.

»Bleibst du lange hier, oder mußt du heute abend schon wieder zurück auf unsere Plantage?«

»Ich werde länger in der Stadt bleiben«, beruhigte Naemi Machlon.

»Die drohende Kriegsgefahr hat das mit sich gebracht. Ich hoffe, daß wir wieder zusammen wohnen können.«

Spontan sagte er: »Sofort verlassen wir das Internat. Dazu braucht es keine Aufforderung.«

Er strahlte über das ganze Gesicht.

»Das ist das schönste Geschenk, das du mir und Kilion machen kannst, wenn wir wieder bei dir wohnen können.«

Naemi wurde ernst.

»Hat Kilion Schwierigkeiten? Es sind einige Briefe gekommen.«

Machlon wehrte ab.

»Kilions Schulleistungen sind nicht besonders gut. Er müßte mehr tun. Ihm geht der militärische Drill auf die Nerven. Viel lieber würde er Motorräder reparieren. Sie sind mittlerweile seine ganze Leidenschaft.«

Machlon glich Elimelech immer mehr, stellte Naemi fest. Er hatte jetzt das gleiche hagere Gesicht, dieselben tiefliegenden Augen. Machlon war in allem viel ruhiger als Kilion, dessen Temperament leicht überschäumte.

Elimelech kam mit Kilion die Treppe herunter. Heftig redeten sie aufeinander ein. Kilion war so aufgebracht, daß er seine Mutter gar nicht sah. Heftig mit den Händen gestikulierend, sprach er auf seinen Vater ein.

»Man kann mich nicht für etwas zur Verantwortung ziehen, was meine Freunde und ich nicht getan haben. Wir haben die Fenster im Büro nicht eingeworfen. Zudem ist es eine Unverschämtheit und eine Lüge zu behaupten, wir hätten Prüfungsunterlagen gestohlen.«

Kilions Gesicht war hochrot vor Ärger. Schweißperlen standen auf seiner Stirn. Er konnte sich überhaupt nicht mehr beruhigen.

Nun trat Naemi vor, legte einfach ihren Arm um seine Schultern und zog ihn an sich.

»Du bleibst in der Stadt, in der Wohnung bei dem Hotel?« fragte er sofort.

Naemi nickte nur.

»Gut, dann ziehe ich hier aus. Ich kann nicht mehr bleiben. Alles wird bei uns kontrolliert. Privatleben gibt es nicht mehr.«

Elimelech hatte zwar schon alles mit der Schulleitung geregelt, doch wollte er es seinem Sohn nicht ganz so leicht machen.

»Deine Mathematikzensuren sind so schlecht, daß sie deine Versetzung gefährden. Verläßt du das Internat, wirst du Nachhilfe bei einem der Lehrer nehmen müssen.«

Kilion war mit allem einverstanden und nahm alle Bedingungen an. Nur heraus wollte er, und das auf dem schnellsten Weg.

Naemi lebte sich in der Stadt ein. Machlon nutzte jede freie Stunde, seiner Mutter alle wichtigen Plätze und Straßen von Amman zu zeigen. Er kaufte mit ihr auch auf dem Suk ein. So lernte Naemi alles kennen, sogar die Altertümer von Amman wie das römische Theater und das römische Nymphäum. Für das alles hatte Elimelech nie Zeit gehabt.

Sie stiegen auch auf den Jebel el Quala, den Zitadellenhügel. Machlon wollte seiner Mutter von hier oben die ganze Stadt zeigen. Doch der Platz war mit Zelten und einfachen Wellblechhütten der palästinensischen Flüchtlinge vollgestopft. Bewaffnete Fedajin hinderten Machlon und seine Mutter am Weitergehen. Machlon versuchte, mit den Männern zu verhandeln, aber Naemi zog ihn zurück.

»Komm, gehen wir«, forderte sie ihn schnell auf. »Diskutieren bringt dir nur Ärger.«

»Die können mir nichts verbieten. Die Zitadelle war immer für alle da. Schon längst wurde eine Räumung der Lager angeordnet. Ich verstehe nicht, warum die Polizei dies noch nicht durchgeführt hat.«

Machlon war über alles, was mit Politik zu tun hatte, sehr gut informiert. Er wußte genau, was sich in der Stadt abspielte und wie die PLO immer mehr Einfluß gewinnen wollte.

In den Lagern kämpften die verschiedensten Gruppen um die Vorherrschaft. Da gab es die gemäßigten und die radikalen Verfechter von panarabischen und sozialistischen Ideen.

Naemi dachte an Israel. Würde es je ein friedliches Nebeneinander geben? Oder bestimmten immer wieder kriegerische Auseinandersetzungen die Zukunft?

Als sie wieder die Kreuzung erreichten, winkte Naemi einem Taxi. Sie wollte nicht mit dem überfüllten Bus in die Stadt zurück.

Kilion saß bereits im Wohnzimmer und hatte das Fernsehgerät eingeschaltet.

»Wolltest du nicht zum Fußballspiel gehen?« fragte Naemi erstaunt, ihn hier vorzufinden.

»Alles geschlossen«, maulte er unwillig.

»Alle öffentlichen Veranstaltungen sind verboten worden. Es wird Krieg geben.«

»Was beschwörst du da«, sagte Naemi voller Entsetzen. Wußte Kilion überhaupt, was dies bedeutete, wieviel Leid er bringen würde?

»Du willst, daß man auch die Schule schließt. Darum möchtest du so schnell wie möglich diesen Krieg, von dem alle reden.«

Kilion biß in sein Brot.

»Ich hoffe, daß sie alle unsere Lehrer einziehen, auch den Direktor.«

Naemi hätte Kilion gerne Antwort gegeben, aber da klingelte das Telefon. Es war Elimelech, der die Meldung durchgab, daß man Raschid ermordet hatte. Der Hörer zitterte in Naemis Hand. Sie konnte nicht weiterreden. Machlon nahm ihr den Hörer ab und sprach mit seinem Vater.

Naemi brauchte lange, bis sie sich wieder gefaßt hatte. Raschids Tod weckte in ihr die Ahnung, daß das Unheil seinen Anfang nahm.

Schon am frühen Morgen erschien Scheich Abd el Hadi. Er trug eine Generalsuniform und viele Orden an seiner Brust. Noch bevor er etwas erklären konnte, wußte Naemi, daß Jordanien sich im Kriegszustand befand. Sie hätte den Scheich gerne zum Frühstück eingeladen, doch er lehnte ab. Er hatte nur wenig Zeit.

»Mein Sohn Tamir ist gestern abend in Amman eingetroffen, doch sofort mußte er sich zu seinem Dienst melden. Er ist bei der Luftwaffe, und ich werde meine Zeit im Kriegsministerium zubringen müssen. Wir werden uns in der nächsten Zeit nicht sehen. Ich wollte dir nur sagen, daß du jederzeit Schutz finden wirst in meiner Familie. Ihr genießt immer meine Gastfreundschaft, gleichgültig, was kommen mag.« Mit diesen Worten verabschiedete er sich, stieg in seinen Jeep und fuhr mit heulendem Motor davon.

Eine Stunde später gaben die Sirenen bereits den ersten Alarm. Naemi lehnte sich an die Wand. Erinnerungen überfielen sie so heftig, daß sie schmerzten. Die Zeit war lebendig, die sie noch in Deutschland erlebte. Aber auch jene Tage in der Altstadt von Jerusalem, wo sie hautnah die Auswirkungen des Krieges miterlebte, Verwundete und Sterbende zu betreuen hatte. Sie dachte an Elisabeth, die damals starb, und erinnerte sich auch an den jungen Markus. War er mit dem Leben davongekommen und heute ein Rabbi wie sein verstorbener Vater?

Naemi setzte sich vor das Transistorgerät und versuchte, mehrere Sender zu bekommen. Doch sie war so aufgeregt und nervös, daß es ihr nicht gelang.

Machlon und Kilion kamen gleichzeitig aus der Stadt und brachten die neuesten Meldungen mit.

»Die Israelis haben alle unsere Flugzeuge zerstört. Am Jordan wird heftig gekämpft«, rief Machlon.

»Die Schule ist geschlossen. Alle Lehrer sind weg, selbst der Hausmeister. Nur die beiden Köchinnen sind noch da.«

Kilion erfüllte das mit der größten Freude.

Der Krieg dauerte sechs Tage und endete am 10. Juni 1967. Israel hatte seine arabischen Gegner besiegt. Den ganzen Tag über hörte Naemi die englischen Nachrichten. Machlon saß bei ihr, als der Sprecher durchgab, daß Jerusalem wieder vereint sei.

Naemi konnte es zuerst nicht fassen. Sie hörte, daß Mosche Dayan mit seinen Sturmtruppen die Klagemauer erreicht hatte und dort in eine Mauerritze einen Zettel mit dem Wort SCHALOM steckte.

Würde dieser Schalom eintreten und allen zugute kommen, den Siegern und den Besiegten? Naemi beschwor diese Hoffnung in allen ihren Gebeten.

In der Stadt normalisierte sich langsam wieder der Alltag. Machlon und Kilion wären am liebsten zu ihrem Vater auf die Plantage gegangen. Aber sie durften die Stadt ohne Genehmigung der Behörde nicht verlassen. Flüchtlinge gab es überall. Die Lager um Amman wurden noch größer.

»Hat sich unser Vater schon gemeldet?« fragte Machlon, als er nach dem ersten Schultag wieder nach Hause kam.

»Nein, die Leitung ist noch immer unterbrochen. Ich habe schon mehrmals versucht durchzukommen.«

Statt Elimelech kam drei Tage später Leila zu Naemi. Sie hatte den Wunsch Naemis wahr gemacht, daß sie trotz ihrer Trauer um Raschid kommen sollte.

Sie nahm die Arbeit in Naemis Haushalt in alter Gewohnheit auf. Naemi war das eine große Hilfe. Leila war noch stiller geworden als früher. Machlon und Kilion ließen sich von ihr wieder verwöhnen und sie ging auf alle ihre Wünsche ein, indem sie ihnen ihre Lieblingsspeisen kochte.

Naemi war in den kommenden Tagen ständig im Hotel beschäftigt. Die letzten Malerarbeiten wurden durchgeführt, die Möbel angeliefert und die Rezeption eingerichtet.

Elimelech hatte sich auf der Farm den Bruder Raschids als Verwalter geholt. Als Ismael sich eingearbeitet hatte, konnte Elimelech tageweise nach Amman kommen. Naemi war glücklich, wenn die Familie wieder vereint war.

Gerne wäre sie wieder zu ihrer alten Arbeit auf die Plantage zurückgekehrt, aber da waren die Söhne, die sie brauchten, und das Hotel, das seiner Vollendung entgegenging. Elimelech wartete immer noch, daß das Militär die Stützpunkte auf seinem Land endlich räumen würde und er wieder arbeiten konnte wie früher.

Elimelech warf einen Blick auf seine Armbanduhr.

»Gerne würde ich dich heute zu der Besprechung mitnehmen«, sagte er zu Naemi, »aber es sind leider nur Männer zugelassen. Der Scheich hat viele Geschäftsfreunde zum Essen in der Nähe der Abu-Derwish-Moschee geladen. Dort wohnt ein reicher Freund von ihm, ein Rechtsanwalt, der unsere Interessen vertritt.«

Naemi reichte Elimelech ein frisches Hemd und den neuen hellgrauen Seidenanzug. Er setzte sich noch eine grauweiße Abaya auf und betrachtete sich kritisch im Spiegel.

»Du bist einer der ihren. Nichts unterscheidet dich von einem reichen Jordanier.«

Elimelech wußte nicht, ob Naemi es ernst oder spöttisch meinte. »Heute kommt es besonders darauf an, daß ich einer der ihren bin«, verteidigte er sich.

»Ich muß sehr vertrauenswürdig sein. Es geht um Geschäftsanteile einer Firma in Aqaba, die im Phosphatabbau tätig ist.

Ich kann mehrere Anteile erwerben und so Mitinhaber werden. Das hat Scheich Abd el Hadi möglich gemacht.

Ich weiß nicht, wie das mit der Plantage ausgeht. Es kann sein, daß der Staat noch mehr Land beansprucht oder wir dort alles aufgeben müssen. Man steckt da nicht drin.«

»Aber es ist doch unser Eigentum, und der Krieg ist zu Ende«, erwiderte Naemi. So schnell wollte sie die Plantage nicht aufgeben. Das Land, die Erde war ihr teuer geworden.

»Du hattest am Telefon erwähnt, daß Omar, Fatimas Freund, bei dir gewesen sei. Was wollte er?«

»Er kam mit einem Vorschlag zu mir, den ich nicht akzeptieren konnte. Ich sollte ihm unten am Jordan Land abtreten. Dort wollte er ein Camp für seine Leute einrichten.«

»Er wird sich nicht so leicht abweisen lassen, sondern wiederkommen.«

»Das befürchte ich auch. Fatima und Omar sind jetzt im Lager, das bei der Stadt Karameh entstanden ist. Die meisten Flüchtlinge aus der West-Bank haben sich dort angesiedelt.«

Elimelech setzte sich in seinen neuen Wagen und fuhr weg, um Scheich Abd el Hadi abzuholen. Naemi und Leila aber gingen wie jeden Mittwoch zum Einkaufen in den Suk.

Leila blieb an einem Tisch stehen und zeigte auf Gurken und Tomaten, Fenchel und Auberginen.

»Kaufe, was dir frisch zu sein scheint. Kaufe auch Trauben und frische Feigen.« Naemi zog ihren Schal tiefer ins Gesicht, um sich vor dem Wind, der sehr viel Staub mit sich führte, zu schützen.

Sie gingen weiter, blieben stehen und betrachteten die bunten Stoffe, begutachteten Teppiche. Naemis Aufmerksamkeit wurde plötzlich von einem alten Mann gefesselt, der mit gekreuzten Beinen auf dem Boden saß, um sich einige Männer, und alte Balladen in einer singenden Sprechweise vortrug. Naemi verstand nicht alles, was der Alte vortrug, und Leila übersetzte die Liebesgeschichte zwischen einem Prinzen und einem Beduinenmädchen.

Plötzlich kam Unruhe in die Umstehenden. Eine Gruppe bewaffneter Fedajin beschimpfte einen Händler, der Hosen und Jacken auf seinem Tisch zum Verkauf anbot.

»Wir müssen gehen«, mahnte Leila. »Es sieht so aus, als wollten die Fedajin den geforderten Preis nicht zahlen.«

Leila hatte noch nicht ausgeredet, als plötzlich geschossen wurde. Der Händler brach tot über seinem Tisch zusammen. Sofort war alles in Aufruhr. Herbeieilende Polizisten versuchten, den Tumult unter Kontrolle zu bekommen. Tische wurden umgestoßen, Orangen als Wurfgeschosse benutzt. Holzstücke und Steine flogen durch die Luft. Leila und Naemi flüchteten und kamen völlig außer Atem im Hotel an. Dort wartete schon Machlon voller Ungeduld auf sie.

»Kilion ist in der Ambulanz und muß geholt werden. Er hat sich verletzt.«

Naemi zwang sich zur Ruhe. Sie durfte jetzt nicht die Nerven verlieren. »Kilion ist mit dem Motorrad gestürzt, das er sich von seinem Freund Fahad ausgeliehen hatte.«

»Schwer verletzt?« Naemi rechnete bei Kilion immer mit dem Schlimmsten.

»Nur einige Prellungen und ein verstauchter Knöchel«, beruhigte Machlon. »Sorge hat Kilion nur wegen der kaputten Maschine, die auch Fahad nicht gehörte, sondern dessen Bruder.«

Kilion erwartete sie recht niedergeschlagen. Auf den Arm seines Freundes gestützt, kam er ihnen entgegen.

»Ich nehme dich jetzt mit nach Hause, dann kannst du alles mit deinem Vater abklären.« Fahad, der junge Araber, und Machlon halfen Kilion beim Einsteigen. Sie bemühten sich sehr fürsorglich um ihn, während Naemi darauf wartete, ihrem Ärger endlich Luft machen zu können. Sie hoffte, daß Elimelech dieses Mal hart blieb und Kilion nicht sofort wieder das Geld vorstreckte, um die Sache in Ordnung zu bringen. Im Rückspiegel sah sie den arabischen Jungen. Sie erinnerte sich, daß Kilion von ihm gesprochen hatte. Doch erst jetzt hatte sie Gelegenheit, ihn näher kennenzulernen. Er war ihr gegenüber sehr schüchtern und aß nur wenig am Tisch, so daß Leila schon ärgerlich wurde.

Als der Muezzin vom nahen Minarett zum abendlichen Gebet rief, stand Fahad auf.

»Es ist höchste Zeit, ich muß zurück ins Internat.«

»Besuche mich morgen«, forderte ihn Kilion auf. »Wir müssen das mit dem Motorrad klären.«

Als sie allein waren, sagte Naemi: »Du weißt, ich will keinen Ärger mit der Familie des Jungen.«

»Ich bringe das in Ordnung«, versicherte Kilion schnell. »Abou, Fahads Bruder, wird bald wieder mit der Maschine fahren können.«

Naemi wollte mehr über die Familie wissen. Sie war vorsichtig und mißtrauisch geworden. Zu schnell war man in Dinge verwickelt, bei denen es nachher schwierig wurde, wieder herauszukommen.

»Fahad hat sich in Amman noch immer nicht recht eingewöhnt. Er ist erst im Frühjahr mit seiner Schwester Orpa zu seinem Onkel hierher gekommen. Auch sein älterer Bruder Abou lebt hier.

Sein Onkel ist sehr streng. Fahad hat immer Angst, wenn er ihn besuchen muß, denn Khalid Kaduni ist ein bekannter Imam in einer großen Moschee in Swafiyeh.

Die Familie ist sehr groß. Sie gehörten zu dem Beduinenstamm Dschomach. Fahads Eltern und Geschwister wohnten früher in der Nähe von Beer Sheba. Nach dem Sechstagekrieg sind sie nach Jordanien geflohen und haben sich in der Gegend von Petra mit ihren Herden niedergelassen. Fahad will mich in den nächsten Ferien mit zu seinen Eltern nehmen.« Er warf einen bittenden Blick auf Naemi.

»Du erlaubst es doch. Ich möchte einmal in die Wüste. Vater hat ja nie Zeit. Er verspricht es nur immer.«

»Bis zu den Ferien ist noch lange Zeit. Versuche jetzt zu schlafen«, tröstete Naemi. Versprechungen wollte sie keine geben.

Die ersten Gäste, die in dem neuen Hotel ein Zimmer bezogen, waren Jehuda und seine Frau Hala. Geschäftsleute kamen aus Damaskus und Beirut, aber auch aus Frankreich und England. Die ersten Touristen stellten sich im Frühjahr ein.

Tamir war einen Monat nach Eröffnung erschienen und teilte sich nun die Geschäftsleitung mit Naemi. Sie kamen sehr gut miteinander aus. Tamir überließ Naemi alle Entscheidungen, setzte sich nur am Monatsanfang und Monatsende über alles in Kenntnis und war dann wieder verschwunden. Naemi fragte nie, wo er sich aufhielt. Das rechnete er ihr hoch an, auch daß sie sich nie bei seinem Vater beklagte.

Jehuda saß am Abend meist unten in der Hotelhalle, studierte die Zeitungen, trank dabei Whisky oder Arrak. Tamir hatte Naemi schon mehrmals zu verstehen gegeben, sie sollte ihn veranlassen, wieder nach Jerusalem zurückzukehren, da sein Vater Probleme mit Omar und Fatima befürchtete.

Doch Jehuda blieb. Er konnte sich einfach nicht entschließen zurückzugehen. Er hatte nach Karameh eine Botschaft an seine Tochter geschickt. Doch eine Antwort traf nicht ein, obwohl er jeden Tag sehnsüchtig darauf wartete; denn auch der Gesundheitszustand seiner Frau hing davon ab, deren Depressionen sich mehr und mehr verschlimmerten, so daß sie kaum noch das Bett verließ und der Arzt kommen mußte.

Es hatte sich so eingespielt, daß Naemi jeden Morgen auf Jehuda wartete und mit ihm zusammen frühstückte.

»Ich werde selbst nach meiner Tochter sehen«, sagte er eines Morgens, nachdem er tags zuvor in der Stadt gewesen war und dort verschiedene Bars und Cafés besucht hatte.

»Hala lasse ich in deiner Obhut. Sie erträgt Aufregungen nicht mehr. Nach unserer Tochter kann ich besser allein suchen.«

Naemi versuchte, Jehuda von seinem Vorhaben abzubringen; doch er lehnte ab. Plötzlich stand er auf, nahm seine Aktentasche und ging grußlos hinaus. Naemi versuchte noch am selben Tag, Scheich Abd el Hadi zu erreichen, aber weder ihn noch Tamir konnte sie über Jehudas Weggehen in Kenntnis setzen.

Als die Korrespondenz im Büro erledigt war, ging sie zu Leila, um mit ihr das Mittagessen einzunehmen. Wie so oft klingelte auch hier wieder das Telefon. Leila wollte den Hörer schon aushängen, als Naemi ihn dann doch abnahm. Dieses Mal war es keine Firma noch ein ungeduldiger Gast, sondern ein Ferngespräch aus Jerusalem.

Naemi hatte Olgas Stimme sofort erkannt. Sie merkte nicht, daß sie von der arabischen in die hebräische Sprache überwechselte.

»Naemi, du mußt deinen Mann verständigen. Elimelechs Vater liegt im Sterben. Er möchte seinen Sohn noch einmal sehen und sich mit ihm aussöhnen.«

Das Gespräch war plötzlich unterbrochen. Naemi legte langsam auf. Sie wartete noch, aber Olga meldete sich nicht noch einmal.

»Ich muß sofort meinen Mann benachrichtigen. Am besten fahre ich selbst hinaus auf die Plantage.«

Leila wehrte erschrocken ab. »Schicke lieber einen Boten. Du begibst dich in Gefahr, wenn du selber fährst. Die Straße steht fast jeden Tag unter Beschuß.«

Naemi wußte, sie mußte selbst zu Elimelech und mit ihm reden. Das konnte kein anderer übernehmen.

»Ich werde Machlon mitnehmen. Es wird schon nichts passieren«, versuchte sie Leilas Sorgen zu zerstreuen.

Naemi übergab Leila die Schlüssel, stieg in ihr Auto und fuhr zur Schule, wo sie Machlon abholte, der über die Abwechslung sehr erfreut war, die ihm so schnell geboten wurde. Naemi hoffte, daß Elimelech Machlon nach Israel mitnehmen würde. Mit diesem Gedanken fuhren sie los. Die Sonne spiegelte sich auf dem nassen Asphalt. Geschickt wich Naemi den tiefen Schlaglöchern aus, die sich seit ihrer letzten Fahrt noch vermehrt hatten, denn Panzer und schwere Armeefahrzeuge nutzten die Straße.

Mehrmals kamen sie in eine Straßensperre, und ihre Papiere wurden kontrolliert. Naemi war froh, als sie endlich die Zufahrt zur Plantage erreichten. Machlon stieg aus, öffnete das Tor, und Naemi fuhr den Wagen bis vor das Haus. Verwundert kam Elimelech auf die Terrasse heraus. Erst vor wenigen Minuten war er mit seinem Jeep heimgekommen. Naemi erzählte, was Olga ihr telefonisch mitgeteilt hatte.

»Du solltest zu deinem Vater fahren, heute noch, und Machlon solltest du mitnehmen, damit dein Vater noch einen der Enkel sieht.«

Elimelech schüttelte traurig den Kopf.

»Auch wenn ich wollte, es geht jetzt nicht.«

»Denke doch an deinen im Sterben liegenden Vater«, mahnte Naemi noch einmal. Sie traten ins Haus, weil Elimelech nicht wollte, daß einer der Arbeiter dem Gespräch lauschen konnte.

»Mehr denn je ist es notwendig, daß ich hierbleibe. Omar und seine Leute setzen mir zu. Viele meiner alten Arbeiter sind nicht mehr hier. Raschids Bruder hat sich von den Ideen der PLO anstecken lassen. Wir leben auf einem Pulverfaß. Nachts habe ich Wachen auf dem Gelände, denn immer wieder kommt es zu Anschlägen. Arafat hat sein provisorisches Hauptquartier in Karameh eingerichtet, und Omar geht dort ein und aus. Das sagt dir doch wohl genug.«

Elimelech setzte sich auf das Sofa. Er wirkte müde und abgespannt. Seine Augen waren rot umrändert, so als hätte er viele Nächte ohne Schlaf zugebracht.

Er holte aus dem Kühlschrank Limonade, eine Flasche Arrak und Wasser, dazu Gläser. Naemi sah, daß sie hier am dringendsten gebraucht wurde. Auf dem Tisch standen noch die Essensreste vom Morgen. Elimelech hatte noch immer keine Haushaltshilfe gefunden.

Elimelech trank den Arrak pur. In großen Schritten ging er auf und ab. Naemi sah, daß er mit sich kämpfte, vielleicht doch zu fahren. Er blieb am Fenster stehen und entdeckte einen der Arbeiter, der zum Haus gelaufen kam.

Er beugte sich hinaus. »Funktioniert die Wasserpumpe wieder?«

»Ich habe sie repariert«, rief der Mann zurück.

»Die Männer sollen an ihre Arbeit und die Rohre verlegen. Ich werde mir nachher alles ansehen.«

Elimelech wandte sich wieder Naemi zu. »Ich kann nicht weg. Die Wasserpumpe haben sie uns heute nacht zerstört, morgen kann es die Trafostation sein. Versuche Olga zu erreichen und sage ihr, daß ich nicht kommen kann.«

Noch vor Sonnenuntergang fuhr Naemi mit Machlon wieder nach Amman zurück. Machlon war genauso bedrückt wie sie. Wie gerne wäre er zu seinen alten Freunden ins Dorf gegangen, aber das erlaubte ihm sein Vater nicht. Er merkte nur, wie erleichtert sein Vater war, als er hinter ihnen das Tor schließen konnte.

Das, was Elimelech ahnte und von dem er auch bei Naemis Besuch sprach, traf am 21. März 1968 ein. In der Morgendämmerung rollten israelische Panzer über die Allenbybrücke, und das große Flüchtlingslager neben der Stadt Karameh wurde zerstört. Hütten, Zelte und Häuser wurden von den Panzern niedergewalzt.

Die jordanische Armee griff nicht ein. Sie half den Palästinensern nicht bei der Verteidigung ihres Lagers und der Stadt. Das Militär wachte nur darüber, daß der Konflikt sich nicht ausweitete, sondern lokal blieb.

Tamir war der erste, der Naemi von dem Geschehen in Kenntnis setzte. Über Funk hörte er alles mit.

»Ich werde jetzt zu meinem Vater gehen, er braucht vielleicht meine Hilfe.« Tamir schloß seinen Schreibtisch wieder einmal ab und übergab Naemi die Tresorschlüssel.

Die Saison hatte noch nicht begonnen, und so waren nur wenige Hotelgäste hier, eine kleine Reisegruppe aus Amerika und einige Archäologen aus England. Naemi kontrollierte die Post, doch ein Brief von Olga war nicht dabei. Sie hoffte, daß das Telegramm und ihre briefliche Nachricht sie erreicht hatten.

Im Radio wurden wieder einmal die widersprüchlichsten Meldungen verbreitet, so daß Naemi nicht wußte, was der Wahrheit entsprach. Leila kehrte mit Hala zurück. Sie hatte sich wieder soweit erholt, daß man mit ihr kleinere Spaziergänge machen konnte.

Wie immer redete Hala von Fatima, doch so, als wäre diese immer noch ein kleines Mädchen, das jetzt gerade bei Freunden zu Besuch weilte. Hala lebte in ihrer eigenen Welt, zu der kaum jemand Zugang hatte. Nach Jehuda fragte sie nie. Geduldig ließ sie sich den Mantel abnehmen und von Leila in ihr Zimmer bringen.

Nach dem Schulunterricht kam Machlon sofort nach Hause und berichtete seiner Mutter über die Siegesfeiern in der Stadt.

»Die Fedajin feiern, als hätten sie gewonnen und nicht die Schlacht verloren. Sie freuen sich, daß die Israelis sich wieder zurückgezogen haben, als hätten sie sich dies als Erfolg zuzuschreiben.«

Naemi hatte Angst um Kilion. Immer häufiger war er außer Haus, traf sich da und dort mit Freunden. Sie wollte verhindern, daß er sich in politische Machenschaften verstrickte.

Kurz vor Mitternacht kam Kilion mit Fahad ins Haus.

»Kann mein Freund bleiben? Das Internat ist geschlossen. Dort öffnete uns niemand.«

Kilion sah die Zornesfalte auf der Stirn seiner Mutter,

darum fügte er noch schnell hinzu: »Wir sind nicht in den Bars gewesen, wie du befürchtest, sondern bei Fahads Onkel Khalid. Fahads Bruder Abou ist tot. Mit dem Motorrad hätte er eine Meldung überbringen sollen und fuhr kurz vor dem Lager auf eine Mine.«

Naemi schluckte und sagte nichts. Sie brachte Fahad ins Fremdenzimmer. Der Junge tat ihr leid. Sie sah, daß er Angst hatte und nahm sich vor, sich mehr um ihn zu kümmern.

Unter den Gefallenen, die zwei Tage später auf dem Friedhof der Stadt Amman beigesetzt wurden, war auch Omar, Fatimas Freund.

Sechzehn Särge wurden durch die Straßen getragen. Aus den Lagern waren die Menschen zusammengeströmt, um die Toten als Helden zu ehren. Kilion und Fahad nahmen an den Trauerfeierlichkeiten teil, während Naemi darauf wartete, daß endlich Jehuda eintreffen würde.

Die ganze Stadt befand sich im Aufruhr, und die Demonstranten brüllten: »Assifa, Assifa, Sturm, Sturm ...«

Am späten Nachmittag kam Fatima zu Naemi ins Büro. Diese Begegnung hatte Naemi am wenigsten erwartet.

»Ich möchte meine Mutter sprechen.«

Fatima war in dunkle Trauergewänder gehüllt. Die Augen in dem ungeschminkten, bleichen Gesicht wirkten leblos und starr. Man suchte in ihnen vergeblich Anteilnahme oder Trauer über den Verlust des Freundes.

Naemi stand auf. »Ich bringe dich zu deiner Mutter. Dein Vater wollte dich besuchen. Hast du ihn nicht gesehen?«

Fatima nickte nur. Fast gleichgültig sprach sie von Jehuda.

»Er war bei mir im Lager, bedrängte mich, ich sollte mit ihm kommen. Man konnte nicht mit ihm reden. Ich schickte ihn weg. Er lief danach mitten hinein in die angreifenden Panzer. Er hatte getrunken. Alles war so hoffnungslos ...«

Mechanisch kamen die letzten Worte über ihre Lippen. Sie schwieg, und Naemi ging ihr voraus und zeigte das Zimmer, das Hala bewohnte. Hala schaute von ihrem Modemagazin auf. Sie erkannte ihre Tochter nicht. Erst als Fatima sie anredete, blitzte so etwas wie ein Erkennen über Halas verhärmtes Gesicht, das jedoch sofort wieder verschwand.

Fatima war nicht mehr das Mädchen, das sie kannte. Fatima war eine Fremde für sie geworden.

Naemi ging leise hinaus und ließ die beiden Frauen allein. Im Büro wartete sie, hoffte, daß Fatima noch einmal zu ihr kommen würde. Aber Fatima kam nicht. Als sie am Abend Hala das Essen brachte, war diese allein und weinte.

»Mein Mädchen, meine Tochter Fatima, wo ist sie?«

Hala konnte sich lange nicht beruhigen. Erst als Naemi sich zu ihr setzte, ihre Hände hielt, zärtliche und liebe Worte mit ihr redete, wurde Hala ruhiger.

Sie besann sich und konnte dann vernünftig antworten.

»Die Frau wollte immer wieder nur Geld. Ich habe kein Geld. Jehuda hat alles verwaltet, und er hat das Geld mitgenommen.«

Hala griff sich an ihr Herz, und mit schmerzverzerrtem Gesicht fiel sie zurück auf ihr Bett.

»Fatima, Fatima!« Sie wiederholte immer nur diesen Namen.

Naemi schickte Leila zum Arzt. Dieser kam, gab Hala erneut eine Spritze, doch sie erholte sich von diesem Schock nicht und starb eine Woche später, ohne daß Fatima noch einmal gekommen wäre, ohne daß Hala erfuhr, daß Jehuda nicht mehr lebte. Selbst ihr Bruder ließ sich bei ihr nicht mehr blicken. Und so ging auch das Begräbnis in aller Stille vor sich. Man redete nicht mehr darüber. Die Sache war für die Familie des Scheichs erledigt.

3.

Nach dem Schulabschluß machten Machlon und Kilion ihren Militärdienst und planten danach ein Studium im Ausland, so wie es ihr Vater sich wünschte. Nur daß sein ältester Sohn Machlon sich nicht für ein Wirtschaftsstudium in Amerika entschied, sondern Medizin wählte, gefiel Elimelech nicht. Kilion ging dabei mehr in seines Vaters Fußstapfen. Er wollte Landwirtschaft und Maschinenbau studieren.

Naemi blieb weiterhin in Amman. Die Leitung des Hotels

war ganz in ihre Hände übergegangen, nachdem Tamir eine bessere Stelle beim Wirtschaftsministerium bekommen hatte. Elimelech kam fast jede Woche in die Stadt, kümmerte sich um die Fabrik und das Hotel und nahm an den geschäftlichen Besprechungen mit Scheich Abd el Hadi teil.

Während des Ramadan hatte Kilion frei und verbrachte diese Zeit im Wadi Musa bei seinem Freund Fahad und dessen Familie. Kilion lernte so das Leben der Beduinen kennen.

Naemi bekam begeisterte Briefe, in denen Kilion ihr von seinen Erlebnissen mit den Hirten berichtete. So schrieb er von einem langen Ritt mit Fahad und dessen Schwester Orpa zum Jebel Mubrak und einem Ausflug mit dem Landrover zur nabatäischen Felsenstadt Petra. Naemi hatte noch nie solche ausführlichen Berichte von ihrem Sohn bekommen. Es schien, als würde er am liebsten für immer dort bleiben.

Machlon hatte seinen Militärdienst beendet und packte die Koffer, um nach Paris zu gehen, wo bereits seine beiden Freunde Robert und Alain studierten.

Naemi fühlte sich sehr allein in diesen Sommermonaten des Jahres 1969. Die Kinder waren erwachsen geworden und flügge. Bald würde sie ganz allein sein, wenn die Söhne eigene Familien gründeten.

Elimelech plante bereits für die kommende Zukunft. Er rechnete damit, daß zumindest Kilion in seine Geschäfte einsteigen würde. Auch bei Machlon hatte er noch nicht ganz aufgegeben und hoffte, daß er vielleicht doch noch einen anderen Studienzweig wählen würde.

Doch Elimelechs Pläne kamen ins Wanken, als er kurz vor Ende des Ramadan bei der Einweihungsfeier der großen neuen Fertigungshalle der Fabrik einen Herzinfarkt erlitt und Hals über Kopf in die Klinik eingeliefert werden mußte.

Zwar erholte sich Elimelech recht gut, doch merkte er bald, daß die alten Kräfte nicht zurückkehrten. Er mußte lernen, kürzer zu treten. Vor allem konnte er nicht mehr so lange arbeiten, wie er es vorher gewohnt war.

Kilion kehrte auf das Telegramm, das Naemi ihm geschickt hatte, früher zurück, als er es ursprünglich vorhatte, jedoch nicht allein. Er brachte Fahad und dessen Schwester nach Amman mit.

Als er vom Krankenhaus kam, suchte er Naemi in ihrem Büro auf. »Kann ich mit dir reden, Mama?«

Naemi schaute von ihrer Schreibmaschine auf.

»Was hast du auf dem Herzen? Ist dir das Geld ausgegangen oder geht es um ein neues Motorrad?«

Kilion schüttelte energisch den Kopf.

»Weder um das eine noch um das andere, Mama. Ich...« Er druckste herum. Es fiel ihm sichtlich schwer, über sein Anliegen zu sprechen. Plötzlich nahm er sich ein Herz und sagte einfach: »Mama, ich habe mich verlobt!«

Naemi glaubte, nicht recht gehört zu haben.

»Es ist Fahads Schwester Orpa. Ich weiß, es ging alles ein bißchen schnell, aber wir lieben uns, Orpa und ich.«

Kilion stand wie ein kleiner Junge da, der etwas ausgefressen hatte und nun beichten mußte. Naemi sah ihm an, daß es ihm bei der Sache nicht ganz wohl war.

»Du solltest es Vater morgen sagen. Orpa ist in der Stadt. Ich habe dir davon berichtet. Sie wird in den nächsten Tagen nach Damaskus fliegen. Dort studiert sie Sozialpädagogik. Ich habe mich auch entschlossen, dorthin zu gehen, um mit meinem Maschinenbaustudium zu beginnen. Fahad wird ebenfalls mitkommen.«

»Die Neuigkeiten sind ein wenig viel, mein Sohn. Du mußt mir Zeit lassen, sie zu verdauen. Vor allem wird es schwer sein, sie deinem Vater mitzuteilen.«

»Mama, du hast es schon immer verstanden, Vater alles zu erklären. Bitte, tu es dieses Mal für mich und Orpa.«

»Und wie steht es mit deinen Plänen, nach Amerika zu gehen? Noch vor kurzem habt ihr darüber geredet. Vater hat bereits alles arrangiert mit den Leuten, die er in Los Angeles kennt.«

»Das läßt sich bestimmt regeln. Vater wird mich verstehen. Nur das mit Orpa mußt du ihm schonend beibringen.«

Naemi seufzte. Kilion stellte sie immer vor vollendete Tatsachen.

»Hast du mit den Eltern von Orpa geredet?«

»Sie wissen Bescheid. Fahad hat mir geholfen. Man hat mich als Schwiegersohn akzeptiert. Sie warten jetzt auf Vaters Einwilligung.«

Kilion setzte sich zu Naemi an den Schreibtisch. Seine Augen glänzten, als er Naemi erzählte, wie schön die letzten Wochen gewesen waren.

»Wir waren viele Tage allein unterwegs, nur Fahad, Orpa und ich auf dem Rücken der Dromedare. Ich lernte die Wüste mit all ihren Schönheiten kennen. Mit den Hirten zogen wir von einem Wadi zum andern.

Orpas und Fahads Familie lebt noch in schwarzen Beduinenzelten. Scheich Maha wird bald nach Amman kommen und dann mit Vater reden wollen. Du weißt, die Traditionen müssen eingehalten werden.

Die Familie war früher einmal sehr reich. Doch jetzt haben sie viele Tiere verloren und auch verkaufen müssen.«

Naemi dachte an das Mädchen Orpa. Wie würde die Begegnung mit ihr sein? Ihr war ein wenig bange davor. Plötzlich eine Tochter zu haben war nicht einfach, vor allem, wenn sie aus einer ganz anderen kulturellen Tradition kam.

Die Hitze hing wie eine große Glocke über der Stadt. Kein Lüftchen wehte und brachte Kühlung. Naemi hatte den Tisch auf der Terrasse gedeckt und wartete auf die Geschwister Fahad und Orpa.

Kilion war mit dem alten Citroen nach Swafiyeh gefahren, wo der Onkel von Fahad und Orpa wohnte. Er unterrichtete an der dortigen Koranschule und war seit einem Vierteljahr der Imam der neuen Moschee, die mitten in dem modernen Wohnviertel von Swafiyeh stand.

Würde er mitkommen? Naemi wußte es nicht. Aber Elimelech hatte es sich gewünscht und Kilion einen Brief an Fahads Onkel mitgegeben, in dem er die Einladung aussprach.

Elimelech lag in dem abgedunkelten Schlafzimmer und ruhte. Die Hitze machte ihm zu schaffen. So sehr er auch den Wunsch äußerte, auf die Plantage zu gehen, mußte er sich doch dem Arzt fügen und in Amman in Behandlung bleiben.

Elimelech hörte das Auto kommen und stand auf, um

selbst die Gäste zu begrüßen. Er hielt sich strikt an die arabischen Sitten.

Naemi sah von der Terrasse aus, daß der Onkel mitgekommen war, mit ihm noch ein Verwandter.

Die Begrüßung lief sehr formell ab. Elimelech rief Naemi, stellte sie kurz vor, und dann blieben die Männer unter sich, während Naemi Orpa in das Wohnzimmer geleitete.

Im ersten Augenblick standen sich die beiden Frauen stumm gegenüber. Orpa war anders als die üblichen arabischen Frauen, die Naemi kennengelernt hatte. Sie war weder verschüchtert noch gehemmt, sondern selbstsicher und offen. Naemi war sofort von Orpa angetan. Mit ihr würde sie auskommen können. Ihre Angst war ganz unbegründet gewesen. Orpa glich ihrem Bruder Fahad, als wäre sie seine Zwillingsschwester. Sie hatte das gleiche schwarze Kraushaar, seine glänzenden braunen Augen, den braunen Teint. Wie ihr Bruder trug sie Jeans, ein kariertes Hemd und eine ärmellose Lederjacke. Am Armgelenk klirrten mehrere Silberreifen.

Naemi zeigte auf den Ledersessel nahe am Fenster.

»Bitte, nimm Platz! Jetzt, wo ich dich länger betrachte, kommt mir die Erinnerung. Wir haben uns schon gesehen. Du warst einmal mit deinem Bruder hier.«

Orpa nickte und lächelte: »Mit dem Auto meines Onkels habe ich Fahad einmal hierher zum Hotel gefahren. Das ist schon lange her. Es war kurz bevor ich mit meinem Studium in Damaskus begonnen habe. Lange bin ich nicht mehr in Amman gewesen.«

Eine leichte Röte färbte ihre Wangen. »Kilion habe ich erst jetzt bei meinen Eltern wieder getroffen.«

»Und er hat sich sofort in dich verliebt«, stellte Naemi ruhig fest.

»Es war wohl so. Gemocht haben wir beide uns schon immer. Fahad berichtete mir viel von Kilion in seinen Briefen. So war ich immer bestens über alles informiert.«

Orpa ließ sich von Naemi noch ein Stück Kuchen auf den Teller legen.

»Du bist hier in Amman zur Schule gegangen?«

»Dank unserer Flucht, muß ich schon sagen, kamen meine Geschwister und ich zu unserem Onkel. Vater hätte mich gerne zurückgeholt, als er mit der Herde und der übrigen Familie nach Jordanien kam. Aber meine Leistungen in der Schule und das Zureden der Lehrerinnen überzeugten ihn, und ich durfte bleiben. Dank eines Stipendiums konnte ich dann mein Studium beginnen. Meine Eltern akzeptierten mein Studium nicht, auch nicht Ajub, mein ältester Bruder.«

Ein Schatten flog über Orpas Gesicht.

Leise fügte sie hinzu: »Man suchte bereits einen Bräutigam für mich, darum mußte ich noch vor Semesterende heimkommen.

Mein Bruder Ajub hatte mich in Damaskus abgeholt. Zum Glück konnte ich Fahad davon berichten.«

Naemi spürte, wie schwer es Orpa gefallen war, immer wieder gegen den Willen der Familie zu handeln, und welche Kämpfe sie schon durchgestanden hatte.

»Wie froh war ich, als Kilion mit Fahad kam. Ich brauchte ihre Hilfe, denn ich wollte den Mann nicht heiraten, den man mir ausgesucht hatte. Ajub und Fahad hatten eine lange Unterredung mit meinem Vater.

Doch dieses Mal konnte Fahad nicht viel für mich tun. Die Abmachungen mit diesem Mann waren schon so weit, daß beide Familien ihr Einverständnis gegeben hatten. Allah aber hatte es gnädig mit mir gemeint. Der Mann hatte auf der Strecke nach Aqaba einen Unfall und konnte darum nicht kommen, um ganz offiziell um meine Hand zu bitten.

Kilion kam ihm zuvor, und Fahad habe ich es zu verdanken, daß mein Vater seine Zustimmung gab. Es war ein Glück, daß mein älterer Bruder nicht im Lager weilte. Er hätte die Verbindung nicht akzeptiert. Hätte der andere Mann mich als Frau genommen, wäre Ajub in dessen Transportunternehmen mit eingestiegen.«

Naemi warf immer wieder einen Blick auf die Terrasse, wo die Männer diskutierten. Kilion bediente, holte frischen Kaffee und auf Wunsch seines Vaters die Wasserpfeife.

»Mein Onkel Khalid ist ein treuer Anhänger der PLO, und sein ältester Sohn, der mit ihm gekommen ist, arbeitet in den

Lagern und ist für die Unterbringung der Leute verantwortlich. Sie reden immer über Politik. Es gibt für sie kein anderes Thema. Mein Onkel ist ganz anders als mein Vater. Obwohl sehr streng, ist er doch moderner eingestellt als die übrige Familie. Der Stamm der Dschomach ist sehr traditionsverbunden und hält an alten Formen fest.

Mein Bruder Abou war schon als kleiner Junge, noch ehe wir den Negev verließen, zu Onkel Khalid gekommen. Durch meinen Onkel wurde er ein glühender Fedajin. Ihm hat die Politik nicht viel eingebracht. Er ist tot.«

Orpa verstummte, und Naemi sah, daß ihre Gedanken bei dem toten Bruder weilten.

Die Männer draußen erhoben sich, und Orpa mußte gehen, obwohl Naemi gerne gehabt hätte, wenn sie noch geblieben wäre.

»Ich werde bald wiederkommen«, versprach Orpa und stieg in das Auto.

Immer wieder verzögerte sich der Besuch von Orpas Vater. Elimelech konnte noch keine weiten Reisen unternehmen, um das Lager von Scheich Maha aufzusuchen.

So oft es möglich war, brachte Kilion Orpa zu seiner Mutter. Öfter gingen die Frauen zusammen in die Stadt. Naemi machte es Spaß, mit Orpa einzukaufen.

Anfang September mußte Orpa zurück an die Universität von Damaskus. Fahad reiste mit ihr, da Kilion noch abwarten wollte, bis sein Vater wieder so gesund war, daß er seiner Arbeit nachgehen konnte.

Naemi hätte gerne gehabt, wenn Elimelech mit Kilion zur Erholung nach Aqaba gegangen wäre. Er aber wollte nicht.

Als der erste Regen fiel, gab es für ihn kein Halten mehr. Er mußte auf die Plantage, um die Bestellung der Felder zu überwachen. Er unterrichtete seine Frau von seinen neuen Plänen.

»Kilion wird mich nach Israel begleiten«, sagte er noch zu Naemi, bevor er abfuhr.

»Wir werden uns in einem Monat in Damaskus treffen und von dort die Reise zu meiner Familie antreten.«

Naemi war davon überrascht, sagte aber nichts.

Elimelech weilte auf seiner Plantage, und Kilion war seit zwei Wochen in Damaskus. Naemi war mit Leila wieder allein.

In der Stadt Amman kam es zu Ausschreitungen. Mitglieder der »Demokratischen Volksfront zur Befreiung Palästinas« begannen die jordanischen Polizisten und das Militär zu beschimpfen. Sie stellten die Soldaten als Stiefelknechte des verräterischen Königs hin. Hetzschriften tauchten auf, Flugblätter wurden verteilt, die sich gegen König Hussein richteten. Auf den freien Plätzen, vor der Moschee und in den Suks sah man die Palästinenser mit ihren Kalaschnikow-Maschinenpistolen herumgehen. Immer wieder mahnte die Polizei über Rundfunk und Presse, die Waffen in den Lagern zu lassen. Trotzdem gab es immer häufiger Schießereien.

So verließ Naemi selten das Haus, oft nur, um in Begleitung von Leila Besuche in der Familie von Scheich Abd el Hadi zu machen. Meist wurde sie abgeholt und wieder zum Hotel gebracht.

Die Israelreise von Elimelech verschob sich wegen der unsicheren Lage, und er kam Anfang Januar wieder in die Stadt, um sich mit Scheich Abd el Hadi und seinen Geschäftsfreunden zu treffen. Die Jahresabschlüsse der Fabrik und des Hotels waren zu besprechen.

Elimelech flog kurz darauf von Amman nach Damaskus, um sich dort mit Kilion zu treffen. Dieser wollte mit seinem Vater endlich die besprochene Reise nach Haifa, Tel Aviv und Jerusalem antreten.

So weilten die beiden gerade in Israel, als eine Gruppe der Al Fatah vom Flüchtlingslager auf dem Dschebel Wahdat aus eine Polizeistation überfiel. Dabei gab es unzählige Toten. Kurz darauf wurde das Auto von Scheich Abd el Hadi beschossen. Tamir, der am Steuer saß, kam im Kugelhagel ums Leben.

Sein Vater wurde nur leicht verletzt. Scheich Abd el Hadi wußte, daß er mit weiteren Anschlägen auf sich und seine Familie zu rechnen hatte. Man wußte um seinen Einfluß in den verschiedensten Ministerien und kannte seine guten Beziehungen zum Königshaus.

Tamir wurde mit militärischen Ehren beigesetzt. Die Trauer um ihn war groß, besonders bei seinem Vater, dessen Lieblingssohn Tamir gewesen war. Doch nicht nur bei dem Scheich gingen anonyme Drohungen ein, auch Naemi war davon betroffen. Sie stellte einen Nachtwächter an, der das gesamte Areal bewachen sollte.

Ende März kam Elimelech in Begleitung von Kilion und Machlon zurück nach Jordanien. Für Naemi war es eine besondere Überraschung. Sie war außer sich vor Freude, als sie nach einem Jahr Machlon wieder in die Arme schließen konnte. »Wie lange kannst du bei uns bleiben?« fragte sie ihn und hielt noch immer seine Hände fest.

»Nur kurz. In drei Wochen muß ich wieder in Paris sein. Vater hat es mir ermöglicht zu kommen. Ich war schon eine Woche in Tel Aviv mit ihnen zusammen.«

Kilion und Elimelech gingen am Abend zum Stadion, um eines der internationalen Fußballspiele anzuschauen. Machlon interessierte sich weniger für Sport und blieb zu Hause.

Naemi öffnete eine Flasche Champagner.

»Trinken wir auf das Wohl der ganzen Familie und auf die Zukunft von dir und Kilion.«

Der Sekt prickelte auf der Zunge. Als sie mit dem zweiten Glas anstießen, sagte Naemi: »Von Frankreich und Paris hast du mir sehr viel erzählt. Jetzt trinken wir auf deine Freundin, von der du im letzten Brief berichtet hast. Warum hast du sie nicht mitgebracht? Kilion war da viel forscher als du.«

Machlon zögerte. Es fiel ihm nicht leicht, über die Frau zu reden, die er liebte. Aber er wußte, seine Mutter hatte ein Recht, etwas über Ruth zu erfahren. Er hatte vor ihr nie Geheimnisse gehabt.

Nur wußte er, daß Naemi gerne eine jüdische Frau an seiner Seite gesehen hätte.

»Ruth ist Palästinenserin, Mama. Sie ist in Jordanien geboren, aber in Nablus aufgewachsen, wo ihr Vater an einer Schule Mathematik unterrichtete. Im Sechstagekrieg kam Ruths Vater ums Leben. Wir haben uns bei einem großen Studentenfest an der Sorbonne kennengelernt.«

»Das Mädchen studiert noch?«

»Ruth hat sich den Sprachen verschrieben. Französisch, Englisch und Spanisch stehen bei ihr auf dem Lehrplan. Sie ist viel fleißiger und schreibt ihre Klausuren pünktlicher als ich.«

Machlon zog ein Bild aus der Brieftasche und reichte es Naemi.

Sehr genau studierte sie das schmale Frauengesicht mit den braunen schulterlangen Haaren. Die Gesichtszüge waren weich und erinnerten sie an Madonnenbilder von Tizian und Raffael.

»Ich werde Ruth im Sommer mitbringen, wenn die Semesterferien beginnen. Wir wollen uns im Urlaub verloben und im kommenden Jahr heiraten.«

Machlon schien erleichtert, daß er sein Geheimnis Naemi gebeichtet hatte und sie keine Einwände vortrug.

Machlon wurde jetzt gesprächig und erzählte Naemi von Paris und seinen Erlebnissen dort.

»Du müßtest einmal zu Besuch kommen und dir die Stadt ansehen.«

Naemi lehnte sich in das Polster zurück. Erinnerungen überfielen sie. Wie ein Film rollten die Geschehnisse ab, die sie in Straßburg und in Frankreich erlebt hatte. Die Menschen, mit denen sie damals zusammen war, wurden wieder lebendig. Sie sprachen zu ihr aus der Vergangenheit, und nun begann sie, ihrem erstaunten Sohn zu berichten. Sie sprach mit ihm Französisch. Zuerst kam die lange nicht gesprochene Sprache etwas holprig über ihre Lippen. Aber dann wurde sie fließender, je mehr sie sich in das damals Geschehene zurückversetzte.

Machlon schaute seine Mutter mit erschrockenen großen Augen an.

»Mama, davon hast du nie etwas erwähnt. Ich wußte nicht, daß du diese schrecklichen Dinge, von denen wir nur kurz in Geschichte etwas gehört hatten, selbst erlebt hast.«

»Euer Vater wollte nicht, daß ihr damit belastet werdet. Es gelingt mir nicht, meine jüdische Haut abzustreifen. Ich werde nie eine gute Araberin werden, so wie ich auch den Islam nicht für mich annehmen kann. Ich akzeptiere die

Religion, aber ich kann meinen eigenen Glauben, den mir einst Dr. Moische Herz beigebracht hat, nicht verleugnen.«

Naemi schloß die Augen. Die Erinnerungen waren zu stark und zu überwältigend. Sie hatte sie so lange verdrängt, doch waren sie noch überaus lebendig in ihr. Das fühlte sie jetzt.

Zärtlich strich Machlon über ihre Hände. Er schwieg, da er merkte, wie Naemi darum kämpfte, ihrer Gefühle Herr zu werden.

Es war gut, daß sie noch länger allein blieben und Elimelech und Kilion erst spät zurückkehrten.

Am anderen Tag war die Stadt in hellem Aufruhr. Tausende von Menschen demonstrierten in den Straßen. Man wußte, daß der stellvertretende Außenminister von Amerika, Josef Sisco, in Amman weilte, um mit dem jordanischen König Gespräche zu führen.

In der Hauptstraße wurden Läden geplündert. Das amerikanische Kulturzentrum ging in Flammen auf.

Ein Telefonanruf alarmierte Elimelech. Massen hatten sich auch vor der Fabrik gebildet, die die Arbeiter zur Solidarität aufforderten. Bald darauf hörte man auch die ersten Parolen vor dem Hotel.

Kilion und Machlon wollten hinaus, aber Elimelech und Naemi hielten sie zurück.

»Ihr könnt nichts tun. Wir müssen abwarten und hoffen, daß das Militär die Oberhand gewinnt.«

In der Ecke war das Radio eingeschaltet. Die Musik wurde von Meldungen unterbrochen, die sagten, daß dieses Mal auch bewaffnete Milizen der PLO der Polizei zur Seite standen, um die aufgeputschten Massen zur Räson zu bringen.

Die Lage in Amman blieb gespannt. Man glaubte, auf einem Pulverfaß zu sitzen. Als Scheich Abd el Hadi kam, wirkte er nervös und übernächtigt.

»In der Fabrik sieht es böse aus. In der Nacht fanden Plünderungen statt. Das große Eingangstor wurde aufgebrochen und die Nachtwächter erschlagen.«

Er setzte sich und stützte den Kopf mit seiner Hand. So

ratlos hatten ihn Elimelech und Naemi noch nie gesehen.

»Mein Sohn Achmed wurde zum König beordert.« Er erhob sich.

»Begleite mich zur Fabrik, Elimelech. Auch einer deiner Söhne soll mitkommen. Die Polizei wünscht eine Bestandsaufnahme«, sagte er müde.

»Allah allein weiß, wohin der Weg Jordaniens führt.«

Kilion verbrachte schon den ganzen Vormittag im Büro seiner Mutter.

Immer wieder versuchte er, Damaskus zu erreichen, aber es gelang ihm nicht. Die Leitung war ständig blockiert.

»Ich werde morgen früh abreisen«, sagte er kurz entschlossen zu seiner Mutter. »Orpa kann ich nicht erreichen, auch Fahad meldet sich nicht.«

Naemi verstand Kilions Sorge, und sie überredete ihn nicht, weiter in Amman zu bleiben, obwohl sie gerne gehabt hätte, wenn er so lange wie Machlon geblieben wäre.

Auf der Straße rollten Panzerfahrzeuge vorbei. Das Militär versuchte, Ruhe zu halten.

Naemi und Leila lauschten auf alle Meldungen, die der Rundfunk verbreitete. Gegen Mittag rief Naemi Kilion.

»Du solltest dich beeilen, wenn du Amman noch verlassen willst. Der Ausnahmezustand soll verhängt werden. Dann kannst du nur noch mit Genehmigung das Haus verlassen.«

Kilion hatte schnell gepackt, kam bald darauf die Treppe herunter und umarmte Naemi und Leila. »Wir sehen uns bestimmt bald wieder, Mama. Grüße Vater und Machlon. Ich hoffe, daß ich einen Flug bekommen werde.«

Bei Einbruch der Dämmerung kehrten Elimelech und Machlon aus der Fabrik zurück. Sie brachten keine guten Meldungen mit.

»Wir haben Bürgerkrieg, Naemi. Die PLO wehrt sich überall und kämpft um ihre Vormachtstellung. Ich sollte so schnell wie möglich auf die Farm, um dort nach dem Rechten zu sehen. Ismael ist nicht zuverlässig. Er steht mir zu sehr auf seiten der PLO. Er kann sich von den Fedajin leicht unter Druck setzen lassen. Ich will nicht, daß sie uns alle Fahrzeuge nehmen und unsere Benzinvorräte plündern.«

Elimelech wandte sich an Machlon. »Du hast noch eine Woche bis zu deinem Abflug nach Paris. Möchtest du nicht mit mir kommen? Deine Hilfe hätte ich sehr nötig.«

Machlon wäre gerne bei Naemi in der Stadt geblieben, aber er wußte, daß ihn sein Vater gerade jetzt dringend brauchte.

»Ich werde mit dir fahren. Hoffentlich läßt die Polizei uns aus der Stadt hinausfahren.«

Elimelech nahm seine Jacke.

»Wir brechen sofort auf. Morgen kann es schon zu spät sein.«

Am frühen Morgen wartete Naemi mit Spannung auf den Telefonanruf. Er kam kurz nach sieben Uhr. Machlon meldete sich.

»Du brauchst dir keine Sorgen machen, Mama. Auf der ganzen Plantage läuft die Arbeit normal. Alle Männer sind zur Arbeit erschienen. Es sieht so aus, als hätte das Militär das ganze Gebiet unter Kontrolle. Vielleicht haben wir das Scheich Abd el Hadi zu danken.«

Beruhigt legte Naemi den Hörer auf die Gabel. Vielleicht war alles doch nicht so schlimm, wie alle sagten. Sie gab sich diesem Trost hin, obwohl sie tief in ihrem Innern wußte, daß eine Änderung bevorstand.

Der Portier ließ Naemi kurz vor Mittag rufen. Neue Gäste waren gekommen. Naemi warf einen Blick in den Spiegel, Frisur, das leichte Make up, die Seidenbluse entsprach ihrer Vorstellung. Seit sie das Hotel leitete, legte sie besonderen Wert auf gutes Aussehen und achtete auch bei Leila und den anderen Angestellten darauf, daß sie sich entsprechend kleideten und sich den Gästen gegenüber zurückhaltend benahmen.

Naemis Hotel hatte bald einen sehr guten Ruf in der Stadt. Oft beherbergte sie auch ausländische Delegationen. Ihre englischen und französischen Sprachkenntnisse kamen ihr dabei sehr zugute.

Sie dachte an Elimelechs Worte: »Immer wenn ich in die Stadt komme, erscheinst du mir jünger. Es scheint, als würde die Zeit an dir spurlos vorübergehen.« Sie empfand diesen Ausspruch als Kompliment. Elimelech sah in ihr noch immer die junge Frau von einst. So meinte er auch, daß sie neben Orpa wie deren ältere Schwester wirke.

In diese Gedanken versunken ging Naemi hinüber in die Hotelhalle.

Wie erstaunt war sie, als sie statt Engländer, Amerikaner oder Franzosen Fatima erkannte, die mit zwei älteren Herren sich mit dem Portier unterhielt. Fatima schien wie verwandelt. Sie trug weder ihre langen Röcke mit den viel zu weiten Pullovern noch eine Uniform, sondern ein elegantes, sehr modisches blaues Kostüm mit einer weißen Spitzenbluse. Sie grüßte sehr höflich und stellte die beiden Männer als ehemalige Geschäftsfreunde ihres Vaters vor.

»Wir möchten bei dir gerne Zimmer mieten für etwa einen Monat.«

Naemi wollte schon ablehnen, aber da kam ihr der Portier schon zuvor.

»Der ganze zweite Stock kann belegt werden. Auch im dritten Stock werden morgen die Zimmer frei, wenn die Engländer abreisen. Zudem haben die Italiener abgesagt. Die Reisegruppe kommt nicht. Die jetzige Lage im Land ist ihnen zu unsicher.«

»Platz genug für uns«, stellte Fatima lächelnd fest. Der Blick, den sie den beiden Männern zuwarf, gefiel Naemi nicht.

Was signalisierte sie, und welche Pläne verfolgte sie?

»Meine Eltern hatten doch zwei Zimmer im zweiten Stock. Kann ich diese beiden Zimmer für mich bekommen?«

»Wenn dir soviel daran liegt, kannst du dort einziehen. Doch die Räume sind nicht sehr ruhig. Man hört sehr viel vom Lärm der Straße.«

»Das macht nichts. Ich schlafe sehr gut«, erwiderte Fatima.

Naemi ging mit ihren neuen Gästen nach oben. Auch die beiden Herren wollten Zimmer haben, die einen Blick auf die Straße hatten.

Sie sprachen davon, daß sich hier vielleicht noch mehr Männer einmieten würden.

»Wann kann ich mit Elimelech sprechen? Man sagte mir, er sei in der Stadt. Nun ist er doch nicht hier. Die Sache eilt.«

»Es wird einige Tage dauern, bis er von der Plantage zurückkommt.«

»Dann sollte ich zu ihm hinausfahren. So lange kann ich nicht warten. Ich will, daß er mir meine Anteile ausbezahlt. Ich brauche dringend das Geld.«

»Aber Elimelech hat dir schon Geld gegeben, damals als du mit Omar gekommen bist, und danach gab er dir noch einmal tausend Dollar. Es war viel mehr, als dir zustand.«

Fatima verzog die Lippen zu einem spöttischen Lächeln.

»Das war nur ein Tropfen auf den heißen Stein. Ich habe viel mehr zu bekommen, und ich kann es dieses Mal belegen; denn ich habe die Papiere bei mir. Mein Vater hatte zwei Drittel der Farm finanziert.«

»Dein Vater hat aber bis auf einen kleinen Teil alles Geld zurückbekommen.«

Fatima zuckte nur mit den Schultern. »Meine Freunde werden das für mich klären. Ich brauche das Geld schnell.«

Mit diesen Worten ließ sie Naemi stehen und begab sich nach unten, um zu telefonieren, wie sie sagte.

Naemi ging aufgeregt in ihr Büro zurück. Sie telefonierte sofort mit Scheich Abd el Hadi und setzte ihn von Fatimas Wünschen in Kenntnis.

Er beruhigte sie: »Sie hat keine Ansprüche mehr. Mit Jehuda wurde alles geregelt. Geld liegt für Fatima noch auf der Bank. Es ist aber lange nicht so viel, wie sie sich wünscht. Elimelech braucht sich keine Sorgen zu machen. Ich werde das mit Fatima klären, denn ich habe alle Unterlagen bei mir. Wahrscheinlich setzen ihre Freunde von der PLO sie unter Druck.«

Fatima und die beiden Männer hatten zwar die Zimmer bezogen, doch sie weilten nicht im Hotel, tauchten auch in den kommenden beiden Tagen nicht auf.

Attentate, Bombenanschläge und Schießereien sorgten in der Stadt für Angst und Schrecken. Naemi, die gehofft hatte, Scheich Abd el Hadi würde bei ihr vorbeikommen und ihr von der Unterredung mit Fatima berichten, sah ihn nicht mehr lebend wieder. Er kam bei dem Attentat, das auf König Hussein und seine Leute verübt wurde, ums Leben. Der

König blieb unverletzt, doch viele seiner Begleiter starben. Wie ein Lauffeuer verbreitete sich die Schreckensnachricht in der Stadt. Da das Telefon wieder einmal unterbrochen war, wurde Naemi durch einen Boten vom Tod des Scheichs unterrichtet.

»Überall reden sie von Krieg«, sagte Leila voller Angst. »Einige haben schon die Stadt verlassen. Nachbarn aus unserem Viertel. Heute blieben viele Geschäfte geschlossen. Selbst im Kaffeehaus standen die Tische leer. Man erzählte, daß es eine Bombendrohung gegeben hätte.«

Leila verstummte. Sie merkte, daß Naemi ihr nicht zuhörte. So stand sie am Fenster und beobachtete die Straße.

Ihre Angst übertrug sich auf Naemi. Scheich Abd el Hadi war tot. Wie würde alles weitergehen? Seine schützende Hand konnte Elimelech nicht mehr in Anspruch nehmen. Zudem würde bald die Auseinandersetzung um das Erbe die Familie erschüttern. Naemi wußte, daß der älteste Sohn Achmed mit seinem Vater in der letzten Zeit ständig stritt, weil er die ihm zustehenden Anteile haben wollte. Er zog aus dem großen Haus aus und wohnte seit zwei Monaten in dem eleganten Villenviertel des Dschebel Hussein. Achmed wollte seinen eigenen Geschäften nachgehen. Er war machthungrig und suchte die Oberhand über das gesamte Vermögen zu gewinnen.

Während Leila laut zu Allah betete, einfach um ihrer Angst Herr zu werden, flehte Naemi heimlich zu ihrem Gott, bat um seinen Beistand und um Schutz für Elimelech und ihre Söhne.

Nach der Siesta am Mittag suchte Naemi mit Leila das Trauerhaus auf. Dort hatte sich die ganze Familie des Scheichs versammelt, alle Söhne, Schwiegertöchter und Enkelkinder.

Achmed, als ältester Sohn und nach dem Tod seines Vaters Oberhaupt der großen Familie, stand an der Bahre des Toten. Er trug die Uniform eines Oberst der Luftwaffe. Doch Naemi wußte, daß Achmed Chef der Geheimen Staatspolizei war.

Naemi kondolierte. Sie wunderte sich, wie gefaßt die Frau des Scheichs alles hinnahm. Töchter und Enkelkinder standen tief verschleiert um sie herum. Achmeds Frau und ihr kleiner Sohn schienen eine besondere Stellung zu haben, denn sie nahmen die ersten Plätze ein, während die Familien der beiden anderen Söhne sich mehr im Hintergrund hielten. Immer mehr Verwandte und Freunde kamen, und Klagerufe hallten durch das weiträumige Haus. Achmed begrüßte hohe Würdenträger des Staates und des Militärs, und er sonnte sich in dem Lob, das man seinem toten Vater, aber auch ihm aussprach.

Elimelech und Machlon trafen rechtzeitig zur Beerdigung ein. Schweigend gingen sie in dem langen Trauerzug mit. Erst als die vielen Redner am offenen Grab fertig waren, kam Elimelech nach hinten zu Naemi, die abseits bei den Frauen stand.

»Ist Fatima hier?« fragte er leise.

»Ich habe sie nicht gesehen.«

Naemi blickte sich noch einmal suchend um, doch Fatima konnte sie auch jetzt unter den Trauernden nicht entdecken. Es wunderte sie, daß sie nicht anwesend war, denn vom Tod des Scheichs wurde in Rundfunk und Zeitung berichtet.

»Fatima war gestern in Begleitung von zwei älteren Herren auf der Farm. Sie verlangt hunderttausend Dollar. Sie zeigte mir Dokumente, die beweisen sollten, daß sie ein Anrecht auf das Geld hätte.«

»Scheich Abd el Hadi wollte alles regeln.«

Naemi sprach leise, so daß die anderen, die in der Nähe standen, sie nicht hören konnten.

»Alles ist so verworren«, stöhnte Elimelech verzweifelt. »Ich müßte mit Achmed reden, aber jetzt kann ich das nicht. Sein Vater hatte die Unterlagen von Jehuda. Fatima muß noch mit dem Scheich geredet haben; davon sprach sie.«

»Übergib alles dem Anwalt, mit dem Scheich Abd el Hadi immer zusammengearbeitet hat«, mahnte Naemi. »Fatima darfst du nicht unterschätzen. Ihre Verbindungen reichen weit, und sie ist eine der extremsten Kämpferinnen innerhalb der PLO und der Al Fatah.«

»Auch wenn sie zu den Fedajin zählt, ich habe keine Angst vor ihr. Ich lasse mich von ihr nicht bedrohen.«

Machlon und Elimelech folgten den Männern in die Hussein-Moschee, in der noch ein Trauergottesdienst zu Ehren des Scheichs stattfand.

Die Stadt verwandelte sich in den folgenden Tagen in einen brodelnden Hexenkessel. Der Stellvertreter des amerikanischen Militärattachés wurde in seiner Wohnung erschossen und der Erste Sekretär der US-Botschaft entführt. Für Achmed hieß das, daß er ständig zur Verfügung stehen mußte und sein Büro kaum verließ. Sooft Elimelech auch versuchte, eine Unterredung mit ihm zu bekommen, er wurde immer wieder abgewiesen. Achmed blieb auch für seine eigene Familie unerreichbar.

Die Fenster standen offen. Es war schwül. Ein Gewitter hing in der Luft. Doch es regnete nicht und kühlte auch nicht ab. In der Ferne hörte man Schießen. Elimelech war unruhig. Immer wieder ging er auf und ab und suchte grübelnd einen Ausweg. Erneut probierte er zu telefonieren. Achmed mußte zu einem Gespräch bereit sein. So vieles war zu regeln, was die Fabrik betraf.

Es war sehr spät geworden, als Naemi aus dem Büro kam und die ganzen Abrechnungen Elimelech vorlegte.

»Pack alles zusammen, was du an Unterlagen hast, und fahre zu dem Anwalt von Scheich Abd el Hadi. Er wird einen Weg finden, um mit Achmed in Verbindung zu treten.«

»Soll ich dich dorthin begleiten, Vater?« fragte Machlon.

Elimelech lehnte ab. »Es wäre mir lieber, du würdest Amman verlassen, solange dazu noch die Möglichkeit besteht. Wer weiß, was hier alles noch passiert. Es ist mir lieber, du bist in Sicherheit.«

Machlon warf einen Blick auf Naemi.

»Gehe nach Paris zurück, Machlon. Amman kann sich schnell in ein Schlachtfeld verwandeln.«

Naemi und Elimelech begleiteten Machlon zum Flughafen. Der Abschied fiel Naemi schwer. Sie wollte Machlon nicht aus ihren Armen lassen. Wie lange würde es in diesen unsicheren Zeiten dauern, bis sie sich wiedersahen?

Machlon war einer der letzten Passagiere, die durch die

Sperre gingen. Er winkte noch einmal, ehe er Naemis Augen entschwunden war.

Schweigend traten sie die Heimfahrt an. An den Straßenkreuzungen wurden vom Militär Straßensperren aufgebaut und die Fahrzeuge kontrolliert.

Elimelech reiste noch am selben Tag ab, um die Arbeiten auf der Farm zu überwachen, denn die Erntearbeiten waren in vollem Gang.

Elimelech überließ es Naemi, mit Achmed Kontakt aufzunehmen, sobald sich die Lage in der Stadt entspannen sollte.

Doch vorerst war davon nichts zu merken. Jeden Tag kam es zu heftigen Zwischenfällen zwischen den Polizeieinheiten und den Fedajin. Heckenschützen sorgten dafür, daß täglich Tote zu beklagen waren.

Politische Delegationen kamen und gingen, und so hatte Naemi im Hotel alle Hände voll zu tun. Internationales Publikum trug sich auf der Gästeliste ein.

Es war gut, daß es viel Arbeit gab und Naemi nicht zu sehr ins Grübeln verfiel.

Mit der Post kamen Briefe von Fatima. Sie setzte nun auch Naemi unter Druck, drohte ihr, Schwierigkeiten zu machen, wenn sie Elimelech nicht dazu bewegen konnte, ihr das Geld auszuzahlen.

Naemi schickte einen Boten zu Achmed, daß er sich um die ganze Angelegenheit kümmern sollte. Aber zu diesem Zeitpunkt war der Sohn von Scheich Abd el Hadi mit weit wichtigeren Dingen beschäftigt, die seine eigene Karriere betrafen, als daß er sich der Sache von Fatima annehmen konnte und wollte.

Am 16. September hatte der König die Zivilregierung durch Offiziere ersetzen lassen. Achmed saß mit in der Exekutive.

Naemi stellte mehrere Männer an, die das Hotel bei Tag und Nacht bewachen sollten. Sie hoffte nur, daß keine Bombe eingeschmuggelt wurde.

Doch die Ereignisse schienen Fatimas angedrohten Racheakt zu überrollen. Am frühen Morgen des 17. September rückten Panzer der jordanischen Armee in die westlichen

Außenbezirke der Stadt ein. Über Rundfunk wurden die Bewohner ständig gewarnt, die Häuser nicht zu verlassen und Schutz in den Kellern zu suchen.

Der Kampf begann. Die Fedajin, die an den markantesten Punkten der Stadt ihre Positionen verteidigten, wehrten sich verzweifelt.

Über Amman wurde Ausgangssperre verhängt.

Im Hotel war ein Kommen und Gehen. Schwer bewaffnete Fedajin erschienen am Haupteingang und hielten Naemi und mehrere der Angestellten in Schach. Naemi und Leila wurden ins Büro gebracht. Man befahl ihnen, sich ruhig zu verhalten.

Ein fünfzehnjähriger Junge hielt ständig die Maschinenpistole auf sie gerichtet. Er redete nicht, gab auch keine Antwort auf die Fragen, die Naemi an ihn richtete.

Draußen wurde geschossen, Handgranaten detonierten. Man hörte das Anrollen der Panzer. Würden sie das Feuer auf das Hotel eröffnen? Naemi verhielt sich ganz ruhig, doch war sie auf alles gefaßt.

Auf einmal ließ das Schießen nach. Befehle wurden gebrüllt. Die Panzer schienen nicht näher zu kommen.

Der Junge wurde gerufen, und Naemi und Leila waren plötzlich allein. Vorsichtig öffnete Naemi die Tür. Alle bewaffneten Fedajin waren verschwunden. Das ganze Foyer glich einem wüsten Schlachtfeld.

Leere Flaschen standen herum, Bier- und Colabüchsen lagen auf dem Boden. Brot, Papier und Essensreste waren überall auf den Tischen, den Sesseln und Stühlen zu finden.

Tränen stiegen Naemi in die Augen. Diese Verwüstung – wie sollte sie da wieder Ordnung schaffen? Sie bückte sich nach einer ausgelaufenen Whiskyflasche und stellte sie in das leere Regal.

Die Blumenkübel hatte man umgestoßen, die Pflanzen zertreten. Mit den schweren Ledersesseln hatte man an der Fensterfront eine Barriere errichtet, um sich dahinter verschanzen zu können.

Aus der Telefonkabine trat plötzlich Fatima. Erschocken und entsetzt hielt Naemi inne. Auch Leila stand da, unfähig etwas zu tun. Sie blickten beide auf die Handgranate, die Fatima in der Hand hielt. Diese schien ihre Gedanken zu erraten.

»Das Hotel in die Luft sprengen – vielleicht sollte ich es doch tun. Aber warum sollte ich mich um mein Vermögen bringen?«

Sie lachte spöttisch und griff nach dem Funkgerät.

»Wo ist dein Wagen, Naemi? Ich brauche ihn jetzt.«

Naemi reagierte nicht sofort.

»Wo ist der Autoschlüssel?«

Fatima steckte die Handgranate in die Tasche, nahm die Pistole aus dem Gürtel und richtete sie kaltblütig auf Naemi.

»Ich hole die Schlüssel«, stotterte Leila, als sie sah, daß Naemi noch immer nichts sagte.

»Beeile dich! Ich habe nicht viel Zeit.«

Sie wandte sich wieder an Naemi.

»Daß das Hotel noch steht, hast du mir zu verdanken. Ich habe den Funkspruch weitergegeben. Die Panzer mußten abdrehen. Sie wären sonst in der Falle gewesen. Unsere Leute haben das ganze Viertel erobert. Es ist in unserer Hand. Die PLO wird siegen. Amman ist bald unter unserer Herrschaft.«

Fatima nahm Leila die Autoschlüssel aus der Hand und ging hinaus. Sie fuhr das Auto aus dem Hof und verschwand damit an der nächsten Straßenkreuzung.

Naemi und Leila versuchten so gut sie konnten aufzuräumen. Sie waren allein. Keiner der Angestellten war mehr hier. Alle waren geflohen, als die Fedajin auftauchten und das Hotel besetzten. Auch kein Gast befand sich im Hotel.

Es wurde Abend. Naemi hörte, daß in der Nähe die Kämpfe zunahmen. Sie wußte nicht, ob die jordanische Armee erneut angriff. Mit Leila verbrachte sie die Nacht in einem der Kellerräume.

Amman fiel nicht in die Hand der Al Fatah und ihrer Verbündeten. Die jordanische Armee konnte den Widerstand der Fedajin zerschlagen und eroberte alle Stützpunkte, die von den Kampfgruppen der PLO gehalten wurden, zurück.

Vom Land draußen hörte man die widersprüchlichsten Meldungen. Um die Stadt Irbid im Norden wurde heftig gekämpft. Einheiten der Al Fatah suchten den nördlichen Teil von Jordanien zu halten. Syrische Panzer kamen zu Hilfe. Der Jubel in der Stadt war groß, als man hörte, daß die Panzerschlacht zugunsten der jordanischen Armee ausgegangen sei und daß man die Syrer bis zur Grenze verfolgt hätte.

Langsam normalisierte sich wieder das Leben in der Stadt. Trümmer wurden weggeräumt, Sperren beseitigt und die Straßen wieder befahrbar gemacht. Viele Palästinenser waren geflohen. In den Flüchtlingslagern rings um Amman herrschte Ratlosigkeit und Verzweiflung. Dort wußte keiner, wie es weitergehen sollte, vor allem war unklar, wie sich die jordanische Regierung den Palästinensern gegenüber verhielt.

Naemi war in Sorge um Elimelech. So oft sie auch versucht hatte, Verbindung nach draußen zu bekommen, scheiterte dies an dem Ausnahmezustand, der noch immer über der Stadt verhängt war.

Vereinzelt war durchgesickert, daß es in der Jordansenke zu Gefechten zwischen Einheiten der Al Fatah und dem jordanischen Heer gekommen war. Doch Genaueres erfuhr man nicht.

Naemis Geduld wurde auf eine harte Probe gestellt, bis sie endlich die Stadt verlassen konnte. Über eine Garage konnte Naemi ein Auto mieten. Sie zahlte eine überaus hohe Summe. Doch das war ihr egal. Es blieb keine Zeit, weiter zu verhandeln und zu suchen. Sie mußte sich Gewißheit verschaffen über das Schicksal ihres Mannes. Leila ließ sie im Hotel zurück und übertrug ihr die ganze Verantwortung. Sie war die einzige, auf die sie sich noch verlassen konnte.

Grau verhangen spannte sich der Himmel von Horizont zu Horizont. Der Wind wirbelte Staubwolken auf und behinderte die Sicht. Zerschossene und ausgebrannte Fahrzeuge lagen am Straßenrand. Überall entdeckte Naemi Spuren von Kampfhandlungen. Die Kurven wurden eng, und sie mußte die Geschwindigkeit drosseln.

Kurz vor dem Ort Na'ur wurde sie von einer jordanischen Militärpatrouille gestoppt. Sie mußte alle ihre Papiere vorzeigen. Man wollte sie nicht weiterfahren lassen und wies auf versprengte Kampfgruppen der Al Fatah hin, die sich in den Bergen verschanzt hätten.

»Ich muß zu meinem Mann. Ich habe seit Tagen keine Nachricht von ihm. Wissen Sie, ob es unten im Tal schwere Kämpfe gegeben hat? Steht das Haus noch?« Naemi beschrieb den Ort.

Der Soldat zuckte die Schultern.

»Wir sind erst seit gestern in dieses Gebiet abkommandiert worden und können keine Auskunft geben.«

Er verhandelte mit seinem Kollegen. Naemi mußte einen Augenblick warten, bis sie über Funk ihre Meldungen erhielten, dann durfte sie passieren.

Das eiserne Hoftor stand weit offen, doch kein einziger Arbeiter war zu sehen. Alles blieb seltsam still. Ein beklommenes Gefühl beschlich Naemi. Sie ging um das Auto herum, verschloß die Tür und eilte über den Plattenweg zur Terrasse. Verwundert sah sie, daß beide Flügeltüren offenstanden. Jemand mußte im Haus sein. Nie ließ Elimelech Türen offen, wenn er auf die Felder ging.

Sie rief nach Raschids Bruder und dann nach seiner Frau, als Elimelech sich nicht meldete. Doch alles blieb still. Ihre Stimme verhallte, sie wurde vom Wind verweht. Sie sah erst jetzt den Sand auf der Terrasse, den der Wind hergetrieben hatte. Keine Fußspuren, nichts konnte sie entdecken.

Naemi fand Elimelech neben seinem Schreibtisch auf dem Boden. Er war tot. Sie entdeckte weder eine Schußwunde noch äußere Gewaltanwendungen. Er mußte an einem Herzversagen gestorben sein. Vielleicht hatten die Aufregung oder ein Schock einen neuen Herzinfarkt ausgelöst. Sie würde es nie in Erfahrung bringen. Sie sah nur, daß sein Gesicht noch im Tod schmerzverzerrt war.

Stumm kauerte Naemi neben dem Toten. Sie fühlte sich wie gelähmt, unfähig, etwas zu tun. Der Wind draußen nahm an Heftigkeit zu. Die Flügel der Terrassentür wurden auf- und zugeschlagen. Dieses Geräusch brachte Naemi wieder zur Besinnung. Langsam stand sie auf. Sie mußte etwas tun. Sie konnte Elimelech nicht so liegen lassen. Seine Leiche war bereits in Verwesung übergegangen. Sie mußte ihn begraben.

Von Entsetzen gepackt, lief sie hinaus, stolperte über die Terrasse und rannte in das Dorf. Aber auch hier war niemand. Weder einen Menschen noch ein Tier fand sie zwischen den zerstörten Häusern. Die gesamte Bevölkerung war geflohen.

Müde kehrte Naemi zur Farm zurück und machte sich allein an die Arbeit. Den Toten hüllte sie in eine Decke und schleppte ihn hinaus in den Garten. Naemi begrub Elimelech an seinem Lieblingsplatz unter den üppig blühenden Bougainvillea-Sträuchern. So fand er seine Ruhe in der Erde, die er so zäh und hartnäckig verteidigt hatte.

Zu Tode erschöpft, schleppte sich Naemi zurück in das Haus. Über den Bergen hatte sich ein Gewitter zusammengebraut, und der erste Donner war zu vernehmen.

Im Kühlschrank fand sie eine Flasche Limonade, das letzte, was noch vorhanden war. Alles andere war geplündert worden. Alle Türen der Schränke standen offen. Schubladen waren herausgezerrt, die Regale geleert. Naemi ging durch den Flur in die anderen Zimmer. Überall fand sie das gleiche Chaos im düsteren Licht des schwindenden Tages.

Was sie am schlimmsten traf, war, daß man auch den Tresor gefunden hatte. Die Metalltür an der Wand war aufgesprengt worden und hing nun lose in den Angeln. Tränen liefen Naemi über das Gesicht. Alle Dokumente, alle Papiere, die Elimelech als rechtmäßigen Eigentümer der ganzen Plantage auswiesen, waren verschwunden. Selbst ihr israelischer Paß, die Bilder von Elisabeth und ihrem Onkel, die sie hier verwahrt hatte, waren nirgendwo zu finden.

Wie sollte sie sich je ausweisen können, je wieder nach Israel kommen? Den Paß und die Papiere aus den Lagern hatte sie immer wie ein Kleinod gehütet. Naemi ließ sich einfach auf das zerwühlte Bett fallen und schlief vor Erschöpfung ein.

Mitten in der Nacht schreckte sie auf. Ein Gewitter tobte über dem ganzen Jordantal. Im grellen Licht der Blitze sah sie nur die Zerstörung ringsherum. Viele Jahre des Aufbaus waren vernichtet.

Auf einmal wurde ihr bewußt, wie schrecklich allein sie war. Elimelech war nicht mehr da, der Schutz bot, der Sicherheit ausstrahlte.

Sie würde nun keine reiche, geachtete Frau mehr sein. Ohne Elimelech war sie zu einem namenlosen Nichts geworden. Sie war von der Laune und dem Wohlwollen Achmeds und der Familie von Scheich Abd el Hadi abhängig geworden. Machlon und Kilion würden es schwer haben, ihre Eigentumsrechte zu behaupten.

Als der Tag graute, ging Naemi hinaus. Es regnete noch immer. Die Wolken hingen so tief, daß man von den Bergen nichts sehen konnte.

Naemi entdeckte erst jetzt, daß auch die beiden Traktoren fehlten, ebenso der Landrover und der kleine Lastwagen. Man hatte alles mitgenommen, was man brauchen konnte. Selbst in der Werkstatt war alles ausgeräumt und verschwunden.

Naemi setzte sich ins Auto und fuhr davon. Sie dachte an den Weg, der ihr nun bevorstand und der sie über Polizeidienststellen und Behörden in ein Labyrinth von Vorschriften und Beweisführungen bringen würde.

4.

In den Bars und Cafés saßen bereits wieder Touristen, und in den Suks herrschte die übliche Geschäftigkeit. Die exklusiven Geschäfte in der Al Hussein Street hatten geöffnet und lockten mit einem internationalen Warenangebot die Käufer. In den Straßen konnte man sich wieder frei und ungezwungen bewegen, ohne Angst haben zu müssen, daß es zu Schießereien zwischen rivalisierenden Fedajingruppen kommen würde. Auch in den verschiedenen Flüchtlingslagern war wieder Ruhe eingekehrt, obwohl die Stimmung explosiv blieb. Ein einziger Funke konnte dort neue Revolten hervorrufen.

Naemi hatte sich in ihren neuen Alltag eingefunden. Vieles hatte sich geändert, was vorher selbstverständlich war. Sie konnte nicht mehr so frei schalten und walten, wie sie es gewohnt war. Immer mehr Rechte wurden ihr durch Achmed beschnitten. Er beanspruchte das gesamte Vermögen, das Elimelech hinterlassen hatte, und wies dabei auf Unterlagen hin, die seinen Vater Scheich Abd el Hadi als den eigentlichen Besitzer des Landes auswiesen. Elimelech erschien in allen Urkunden nur als der lebenslängliche Pächter.

Naemi wußte, daß die meisten Beweisurkunden Fälschungen waren. Aber wie sollte sie dies nachweisen? Ihre eigenen Papiere waren verschwunden. Mehrmals waren sie und ihr Anwalt auf den Behörden gewesen, um die Besitzverhältnisse zu klären. Erfolg hatten ihre Bemühungen bisher nicht gebracht. Sie mußte erfahren, daß Achmeds Einfluß sehr weit reichte.

Achmed hatte einen seiner Brüder als Direktor des Spinnereibetriebes bestellt und dort alle Gewinne auf ein Sonderkonto überschreiben lassen. Auch für das Hotel plante er, zum Jahresbeginn einen Geschäftsführer einzustellen, der die Arbeit von Naemi übernehmen sollte.

Naemi wurde aus allen Bereichen, in denen sie vorher Einblick hatte, herausgedrängt. Auch auf der Bank konnte sie kaum noch etwas ohne die Unterschrift von Achmed unternehmen.

Da Machlon mitten in Prüfungen stand, kehrte Kilion im Frühsommer 1971 mit Orpa aus Damaskus zurück, um sich selbst um die Rechte der Familie zu kümmern.

Orpa war hochschwanger und froh, daß sie von Naemi umsorgt wurde. Als die Unruhen von Jordanien auch nach Syrien übergeschwappt waren, hatte Kilion kurz entschlossen Orpa geheiratet, um ihr so mehr Sicherheit zu geben, falls ihm und Fahad etwas passieren sollte. Sie waren über die Studentenverbindungen in die Kampfhandlungen verwickelt gewesen.

Kilion reiste von einem Geschäftsfreund seines Vaters zum anderen, um alte Verbindungen neu zu knüpfen. Er bemühte sich um Hilfe und Unterstützung, um gegen Achmed bestehen zu können, wenn er vor Gericht Zeugen brauchte. Kilion fuhr auch ans Tote Meer, um sich bei der Bergbaugesellschaft, die Phosphat abbaute, alle Geschäftsanteile, die Elimelech besaß, auszahlen zu lassen. Er wurde abgewiesen. Die Firma stand vor dem Bankrott.

Niedergeschlagen kehrte Kilion zurück. Müde saß er am Tisch. Naemi ahnte, daß er bei seinen Missionen wenig Erfolg hatte. Freunde blieben ihnen nicht, sie ließen sich verleugnen, sagten ab, weil Achmed als Geheimdienstchef auf der gegnerischen Seite stand.

»Vor Gericht wirst du den kürzeren ziehen, Kilion. Du kommst gegen Achmed nicht an«, sagte Naemi bedrückt. »Ziehe die Klage zurück.«

»Nein«, sagte Kilion hart, »ich werde nicht auf die Bedingungen von Achmed eingehen und als Pächter die Plantage weiter bewirtschaften, als Gehaltsempfänger von Scheich Abd el Hadis Familie. Vaters Arbeit soll nicht ganz umsonst gewesen sein. Ohne seine Initiative und seinen Einsatz wäre das Land weiterhin brach geblieben und hätte den Beduinen als Viehweide gedient. Scheich Abd el Hadi und all die anderen, die noch an den Geschäften beteiligt waren, haben ihre Gewinne Vater zu verdanken.«

Orpa, die die ganze Zeit still dagesessen hatte, mischte sich nun in das Gespräch ein. Sie kam auf ihren Onkel Khalid zu sprechen.

»Vielleicht wüßte er einen Rat. Er kennt sich in Rechtsfragen sehr gut aus, und er hat Freunde. Viele haben bei ihm schon um Hilfe gebeten. Warum sollte er sie dir verweigern?«

»Orpa, dein Onkel wird sich sehr vorsichtig verhalten müssen. Er stand auf der Seite der Al Fatah. Das weißt du so gut wie ich. Und du weißt auch, daß sein Sohn im Gefängnis sitzt wegen der Waffengeschäfte, an denen auch Fahad beteiligt war. Er konnte sich damals rechtzeitig nach Beirut absetzen. Das war sein großes Glück.«

Kilion stand auf. Ruhelos ging er auf und ab. Plötzlich nahm er seine Jacke.

»Wenn ich am Abend nicht zurückkomme, sorgt euch nicht. Ich glaube, ich habe einen Weg gefunden.«

Kilion blieb zwei Tage weg, dann kehrte er ins Haus zurück. Er redete weder zu Orpa noch zu seiner Mutter über seine Geschäfte, die ihn in den kommenden Tagen immer wieder in Anspruch nahmen.

Orpa gebar in den ersten Julitagen ihr Kind. Es war ein Mädchen, das sie glücklich in den Armen hielt. Leid und Sorge rückten auch für Naemi in den Hintergrund.

Auch sie hatte einst einer Tochter das Leben geschenkt, nur durfte sie das Kind nicht lange behalten.

Kilion war ein wenig enttäuscht. Er hatte sich einen Sohn gewünscht. Mit ihm verband er seine Zukunft. Ein Mädchen war in seiner Vorstellung nicht eingeplant gewesen. Orpa spürte seine Enttäuschung.

»Deine Tochter wird dir einen Sohn ersetzen. Wir werden sie Aisha nennen, und ich bete zu Allah, daß er ihr die Gaben gibt, die einst diese Frau hatte, die das Leben des großen Propheten Mohammeds aufzeichnete.«

Sie hielt ihm das Kind entgegen. Die Kleine schrie und strampelte, als Kilion seine Tochter auf den Arm nahm. Ihr kleines rundes Gesicht wurde rot vom Brüllen. Sie beruhigte sich, als er sie leicht hin- und herwiegte. »Aisha«, murmelte er immer wieder, »Aisha«.

Das Mädchen würde auf seinen Schutz angewiesen sein. Darum mußte er um so mehr seinen Rechten Nachdruck verleihen.

Kilion hoffte, daß Machlon bald kommen würde, so wie er es versprochen hatte. Seine Prüfungen an der Sorbonne endeten im August.

Die Hitze steigerte sich von Tag zu Tag. Die Stadt versank in Lethargie, besonders zur Mittagszeit. Auch hatte der Fastenmonat Ramadan begonnen, in dem von Sonnenaufgang bis Sonnenuntergang keine Speise zu sich genommen werden durfte.

Obwohl Orpa als Wöchnerin von diesen strengen Geboten befreit war, hielt sie sich trotzdem danach, und Naemi fastete mit ihr, wie sie es auch schon früher getan hatte aus Solidarität mit Leila, die sich schon immer streng an die Gebote des Propheten hielt.

Naemi lebte ganz für das Kind, und sie verdrängte dadurch alle Sorgen und Belastungen. So nahm sie auch wenig davon wahr, was Kilion alles unternahm. Sie glaubte ihm bereitwillig, was er ihr erzählte. Nur Orpa wurde hellhörig, wenn er telefonierte. Kilion wich ihren Fragen aus, vertröstete sie nur, daß sie sich keine Sorgen machen müsse. Alles würde in Ordnung kommen.

Kilion kam an einem Mittag, als sich Naemi gerade in ihr Zimmer zurückziehen wollte.

»Die ganze Plantage ist wieder in unserem Eigentum.« Kilions Stimme klang triumphierend. Er legte Naemi ein mehrfach unterschriebenes und gesiegeltes Schreiben in den Schoß. »Lies alles genau durch. Entspricht dieser Text nicht dem, was dir abhanden gekommen ist?«

Der Wortlaut war derselbe. Die Siegel entsprachen denen, die sie noch in Erinnerung hatte. »Wie bist du an dieses Dokument gekommen?«

Kilion gab darauf keine Antwort.

»Verwahre das Original gut. Ich werde mit dem Duplikat zu Achmed gehen und ihm diesen Beweis vorlegen. Er wird ihn akzeptieren müssen, auch wenn es ihm schwerfällt. Ich freue mich jetzt schon auf sein Gesicht.«

Kilions Optimismus wirkte auch auf Naemi ansteckend. Er hatte erreicht, was er wollte. Jetzt war er ganz der Sohn Elimelechs, voller Tatendrang und Zuversicht.

»Die nächste Woche gehe ich mit Orpa und dem Kind auf die Farm, um dort mit der Arbeit zu beginnen. Ich war schon auf der Bank. Man wird mir das Geld leihen, das ich brauche, um einen neuen Traktor und um neue Maschinen kaufen zu können.«

Naemi hatte so viele Fragen. Doch jetzt war nicht der richtige Augenblick, ihnen nachzugehen.

Kilion schaute nach Orpa. Sie schlief mit dem Kind, und so

kehrte er zu Naemi zurück. »Mit Machlon habe ich telefoniert.«

»Und, wird er mit Ruth kommen?«

Naemi wußte, daß die beiden kurzentschlossen geheiratet hatten – ohne Fest, ohne große Zeremonie. Elimelechs Tod hatte auch Machlons Pläne zunichte gemacht. Naemi konnte ihm kaum noch Geld überweisen. Machlon mußte sich um Arbeit bemühen.

»Machlon und seine Frau werden mit einer Maschine der englischen Air-Lines am Abend kommen. Ich hole sie ab.«

Leila war überglücklich, als sie davon hörte. Sie liebte Machlon über alles.

Obwohl der Ramadan noch nicht zu Ende war, würde sie trotzdem nach Sonnenuntergang ihren Kochkünsten das Letzte abverlangen. Machlon und seiner jungen Frau sollte es an nichts fehlen. Dafür würde sie sorgen. Sofort ging sie auf den Markt, um alles zu kaufen, was sie für ein Festessen brauchen würde.

Naemi ließ Leila gewähren. Auch sie konnte es kaum erwarten, ihren Sohn zu begrüßen. Schon nach einer Stunde kehrte Leila zurück, schwer bepackt mit frischem Gemüse, Kräutern, Hammel- und Rindfleisch. In der Küche erfuhr Naemi auch die neuesten Geschehnisse.

»Auf den Hügeln von Jerash haben sich Guerillaverbände verschanzt. Heute morgen sollen Kampfeinheiten ausgerückt sein, um die Fedajin zum Nachgeben zu zwingen.« Sie sprachen über den Krieg, und Naemi wunderte sich, wieviel Leila über Intrigen und geheime Abmachungen zwischen der Regierung und den Palästinensern wußte. Naemi hatte sich lange nicht mehr damit beschäftigt. Seit Elimelechs Tod wollte sie weder von Krieg noch von Schießereien etwas hören.

Naemi hörte das Auto und eilte mit Leila hinaus, um Machlon zu begrüßen. Tränen der Freude liefen ihr über das Gesicht, als er sie in seine Arme schloß.

»Ich habe Ruth mitgebracht, so wie ich es versprochen habe.«

Naemi erinnerte sich an die Fotografie, die ihr Machlon vor

einem Jahr gezeigt hatte. Sie erkannte die junge Frau, die jetzt aus dem Auto stieg und auf sie zukam.

Die beiden Frauen reichten sich die Hand. »Willkommen in Amman, willkommen in unserer Familie«, sagte Naemi. Sie zögerte kurz, sah den Liebreiz, der von Ruths Gesicht ausging, und war sofort von der jungen Frau angetan. Es war kein Wunder, daß Machlon diese Frau liebte. Spontan legte Naemi den Arm um Ruth.

»Nenne mich Naemi. Das wird unsere Freundschaft festigen.«

Machlon schob den Arm unter den seiner Frau. »Nun, ist deine Angst verflogen? Die letzten Stunden hast du nur daran gedacht, wie man dich hier aufnehmen würde.«

Ruth lehnte den Kopf an seine Schulter. »Man bietet mir hier ein Zuhause, und ich nehme es gerne an.«

Naemi forderte alle auf, in ihr Haus zu kommen. Nach der Hitze draußen war die Kühle angenehm. Kilion sprach sofort mit seinem Bruder über seine Pläne. Naemi faßte Ruth an der Hand. »Komm, laß die Männer reden. Leila hat für uns schon auf der Terrasse gedeckt.«

Ruth nahm in dem Korbsessel Platz und ließ sich von Naemi mit Zitronenwasser und Eiswürfel bedienen.

»Als zehnjähriges Mädchen habe ich die Stadt Amman zum letzten Mal gesehen.«

Erstaunt fragte Naemi: »Machlon sagte mir, daß du in Nablus aufgewachsen bist.«

»Das stimmt«, erwiderte Ruth. »Mein Vater ist Palästinenser, und seine Familie lebte schon seit Generationen in Nablus. Wir sind eng mit der russisch-orthodoxen Kirche verbunden. Meine Mutter stammte aus Na'ur, und so lange die Großeltern noch lebten, kamen wir jedes Jahr im Sommer zu Besuch dorthin. Hier verlebte ich auch die ersten großen Ferien.«

Orpa erschien mit der kleinen Aisha auf dem Arm. Ruth stand auf, grüßte und hatte kurz darauf die Kleine auf dem Schoß. Naemi merkte sofort, daß der Funken übergesprungen war. Die Frauen würden sich verstehen.

In ihrem Herzen dankte sie Gott für das Glück dieses

Abends. Man aß, man trank, und es wurde unendlich viel erzählt. Paris war das Hauptthema des Abends.

Kilion blieb, bis das Essen vorüber war. Danach ging er weg. Orpa verstand ihn nicht. Wieso mußte er gerade heute einen dringenden Termin wahrnehmen?

»Bestimmt geht es nicht lang. In ein oder zwei Stunden bin ich zurück. Ich konnte nicht absagen.«

Es war sehr spät geworden. Alle waren schon zu Bett gegangen, nur Naemi wachte noch. Es beunruhigte sie, daß Kilion noch immer nicht zurück war.

Sie spürte, wie sich bei ihr ein Unbehagen breitmachte und langsam die Angst in ihr hochkroch. Zu oft schon war Kilion in der letzten Zeit weg gewesen.

Orpa, die durch das Kind wach wurde, suchte Naemi auf. Auch sie sorgte sich um Kilion: »Noch nie war er über Nacht weg und wenn, dann in einer anderen Stadt, und ich wußte darüber Bescheid.«

Orpa stellte das Radiogerät an, fütterte die Kleine, wickelte sie und legte sie auf das Bett. Der Nachrichtensprecher sagte am Schluß, daß die Fedajin ihre Verteidigung auf den Hügeln von Jerash aufgegeben hätten. Die Hitze hätte die letzten Vorräte an Wasser zunichte gemacht. Auch der erhoffte Nachschub sei nicht eingetroffen.

Naemi sah aus dem Fenster auf die noch menschenleere Straße.

Wo war Kilion? Auch am Vormittag traf keine Nachricht von ihm ein. Erst gegen Mittag erschien die Polizei und teilte ihnen mit, daß Kilion in eine Schießerei geraten sei, schwer verwundet wurde und im Krankenhaus lag. Zwei seiner Begleiter wurden getötet, einer davon war Orpas Onkel Khalid.

Orpa reichte Naemi das Kind. »Ich muß meinen Onkel identifizieren. Es wird länger gehen, bis ich zurückkomme.«

Naemi rief Machlon: »Begleite Orpa!«

Naemi und Ruth fuhren mit einer Taxe ins Krankenhaus, um Kilion zu besuchen. Man hatte ihn operiert und sein Leben gerettet. Aber er würde für immer an den Rollstuhl gefesselt sein.

Der Arzt klärte sie auf. »Der Sicherheitsdienst war bereits hier, auch die Polizei wartet, bis er vernehmungsfähig ist. Man hat in seinem Auto mehrere Kisten Munition gefunden, dazu zwei schwere Maschinenpistolen. Es war der Nachschub für die Fedajin in den Bergen.«

Kilion war nicht der einzige, der schwerverwundet eingeliefert worden war. Mit ihm waren noch viele andere gekommen.

»Wie lange wird es noch dauern, bis mein Sohn aus der Narkose erwacht?«

»Vielleicht noch eine Stunde. Es kann auch früher sein. Sie können hier warten. Es ist gut, wenn er nicht allein ist, wenn er zu sich kommt.«

Ruth saß mit Naemi neben dem Bett. »Ihr hättet in Paris bleiben sollen. Hier nimmt die Tragödie ihren Lauf. Erst Elimelech, jetzt Kilion. Orpa wird eine Last aufgebürdet, die fast nicht zu tragen ist. Gott allein weiß, wo wir enden werden.« Naemis Stimme klang dumpf in ihrer Trostlosigkeit.

Ruth wußte nichts zu sagen. Sie legte nur ihre Hand auf die nervösen, unruhigen Hände von Naemi. Erst nach einer Weile meinte sie: »Vielleicht ist es gut, daß wir gerade jetzt gekommen sind. Machlon wird hierbleiben und versuchen, in einem Krankenhaus zu arbeiten, um seinen Facharzt zu machen.«

Naemi tat die Nähe von Ruth gut. »Du wirst Orpa beistehen müssen. Sie wird deine Hilfe dringend brauchen.«

Als Kilion zu Bewußtsein kam, fand er Orpa an seinem Bett, aber auch Naemi, Machlon und Ruth...

»Wo ist Khalid?«

»Er ist tot. Auch deine anderen Begleiter haben nicht überlebt«, sagte Orpa leise.

»So bin nur ich davongekommen?«

Kilion schaute Naemi an. »Es war die einzige Möglichkeit, das Geld zu bekommen, das ich brauchte.« Er versuchte sich zu entschuldigen.

»Der Einsatz war zu hoch, Kilion«, entgegnete Naemi traurig und schwieg.

Jetzt war ihr klar, warum er so schnell die Dokumente besorgen konnte. Mit Geld hatte er die Beamten bestochen. Doch nachdem er einmal im Geschäft war, kam er davon nicht mehr los.

Sie besuchten Kilion jeden Tag. Doch über das, was passiert war, verlor er kein einziges Wort mehr. Wenn er redete, sprach er nur von der Plantage und davon, was er machen wollte.

»Ich werde Vaters Arbeit fortsetzen und die zerstörten Hänge neu aufforsten. Das Bewässerungssystem werde ich verbessern, um mehr Land für Gemüsekulturen nutzen zu können.«

Orpa ließ Kilion reden, obwohl sie wußte, daß er nie den Rollstuhl würde verlassen können. Für Orpa war diese Zeit hart. Sie selbst mußte mit diesem Schicksalsschlag fertig werden.

Erst zwei Wochen später kam Kilion die volle Wahrheit zu Bewußtsein. Orpa und Naemi blieben bei ihm, weil die Schwestern und Ärzte befürchteten, er könne sich etwas antun.

Naemi dachte an die Ärzte in Jerusalem, an eine Operation in Amerika. Aber wie sollte sie das finanzieren? Seit Elimelechs Tod war das ersparte Geld fast aufgebraucht. Und so lange die Besitzverhältnisse über das ihnen zustehende Vermögen nicht restlos geklärt waren, würde ihnen keine Bank Kredit geben.

Mit den Einnahmen aus dem Hotel hätte Naemi alle Unkosten bestreiten können. Aber auch da stand ihr nur noch ein Drittel zu. Alles andere lag auf der Bank fest, denn Achmed erhob Anspruch auf die Gewinne.

Machlon versuchte zusammen mit dem Anwalt, sich mit Achmed und der Familie des Scheichs Abd el Hadi zu verständigen. Doch die Verhandlungen brachten keinen Erfolg.

Achmed zweifelte erneut die Papiere an. Außerdem war seine Rede voller Drohungen, denen Machlon nicht begegnen konnte.

Er wußte, daß sich sein Bruder strafbar gemacht hatte,

indem er sich in verbotene Waffengeschäfte eingelassen hatte.

Machlon sprach darüber mit Orpa.

»Dein Onkel muß Kilion dazu überredet haben. Das habe ich jetzt herausbekommen. Es wird nach deinem Bruder Fahad gefahndet. Er soll die Munition und die Waffen beschafft haben, um sie den Fedajin zukommen zu lassen. Dazu war Kilion notwendig, der als Verbindungsmann die Transporte organisierte.«

»Kilion redet darüber nicht, aber ich habe so etwas geahnt.«

Orpa wischte sich die Tränen aus den Augen. Sie hielt sich tapfer, aber manchmal übermannte sie der Schmerz.

»Wird man Kilion ins Gefängnis schicken? Er ist doch ein Krüppel?«

Machlon hätte Orpa so gerne getröstet, aber er konnte es nicht. Er war selbst ratlos und wußte nicht, wie es weitergehen sollte.

Die Stimmung im Haus war gedrückt. Jeder hatte Angst vor den nächsten Wochen. Machlon, der sich nun als Verantwortlicher der Familie fühlte, wußte, daß er eine Entscheidung herbeiführen mußte.

Kilion kam nach Hause und lernte, mit dem Rollstuhl zu leben. Das fiel ihm, dem agilen Menschen, sehr schwer. Hinzu kam die Angst vor dem anstehenden Prozeß. Dieser beständige Druck machte ihn depressiv. Er begann zu trinken. Orpa tat alles, um ihm das Leben zu erleichtern. Da Kilion zornig reagierte, wenn sie mit ihm über das Geschehene reden wollte, vermied sie es, darüber zu sprechen. Auch Naemi hielt sich daran. Nur Machlon versuchte, Einzelheiten zu erfahren.

»Was soll ich dir viel erzählen. Es ist besser, wenn ihr alle so wenig wie möglich wißt. Dann seid ihr am besten geschützt. Ich bin allein verantwortlich für das, was ich getan habe, und dabei wollen wir es belassen. Vielleicht solltest du so schnell wie möglich nach Paris zurückkehren. Mutter und Orpa könnten nach Damaskus gehen, zumindest für einige Zeit.«

»Wir sollten nicht so schnell aufgeben. Vor allem will ich erreichen, daß das Land, das unser Vater urbar gemacht hat, der Familie bleibt. Wir werden auf die Anteile an der Fabrik und an dem Hotel verzichten, wenn die Plantage in unserem Besitz bleiben kann. Mit diesem Angebot werde ich nochmals zu Achmed gehen.«

Kilion griff erneut nach der Flasche. Er trank den Arrak unverdünnt. Auch Machlon wollte er dazu überreden, noch ein Glas mit ihm zu trinken. Doch der lehnte ab.

»Ein Glas genügt. Du solltest nicht so viel trinken.«

Kilion lachte, aber dieses Lachen klang bitter und drückte seine ganze Resignation aus.

»Nur wenn ich betrunken bin, sehe ich die Welt wieder in Ordnung. Aber wer kann das schon verstehen! Du und ihr alle seid nicht an dieses Ding hier« – dabei schlug er mit beiden Fäusten auf die Lehne des Rollstuhls – »gebunden. Ich bin wie in einer Falle, die zugeschnappt ist und aus der es kein Entrinnen mehr gibt.«

Machlon sah in Kilions verhärmtes, von tiefen Falten durchzogenes Gesicht. Verzweiflung stand in seinen vom Trinken rot unterlaufenen Augen.

»Glaube mir, ich werde alles versuchen, dir Hilfe zukommen zu lassen. Ich will erreichen, daß du in einer anderen Klinik noch einmal untersucht wirst. Vielleicht in Israel. Dort haben sie große Fortschritte gemacht, Querschnittsgelähmten zu helfen. Eine neue Operation könnte Hilfe bringen.«

Kilion zuckte gleichgültig mit den Schultern. Er hatte sich selbst bereits aufgegeben.

»Versuche dein Glück mit Achmed. Das schafft dann auch die Möglichkeit, deine Vorstellungen zu realisieren. Ohne Geld wird mich keine Klinik aufnehmen.«

Naemi dachte immer wieder daran, die Arbeit auf der Plantage aufzunehmen. Sie sprach darüber mit Orpa.

»Auch ich habe schon daran gedacht. Es war ja Kilions Wunsch, die Arbeit auf den Feldern wieder aufzunehmen. Nun werden eben wir es für ihn und mit ihm zusammen tun. Bestimmt finden sich Leute, die uns helfen.«

Da Ruth in dem Dorf Na'ur eine Tante besuchen wollte, fand Machlon, das sei eine gute Gelegenheit, auch auf der Plantage nach dem Rechten zu sehen. Vielleicht konnte man dort bald wieder mit der Arbeit beginnen. Naemi entschloß sich mitzufahren. Es genügte, wenn Orpa bei Kilion blieb. Sie wollte schauen, was man an neuem Saatgut brauchen würde. Auch wollte sie sich um neue Maschinen kümmern. Gerade in Na'ur gab es genügend Bauern und auch einen Mechaniker, der früher ihre Traktoren repariert hatte. In seiner Werkstatt stand vielleicht ein Traktor, den man kaufen konnte.

Mit diesen Gedanken beschäftigt, trat Naemi den Weg zur Plantage an. Machlon war am Vormittag noch einmal im Ministerium gewesen, um im Büro von Achmed vorzusprechen. Aber er erfuhr von der Sekretärin, daß Achmed in einer Besprechung beim Minister war.

Ruth saß neben Machlon und genoß die Fahrt. Für sie war alles neu, was sie sah: die kahlen nackten Berge, die Beduinenzelte im Tal. Sie scherzte mit Machlon und erinnerte sich an lustige Begebenheiten aus ihrer Kinderzeit.

Das Dorf Na'ur erreichten sie nach einer guten halben Stunde. Aufgeregt zeigte Ruth auf eines der kleinen Häuser auf der Anhöhe.

»Dort oben in diesem Hof haben mein Großvater und meine Großmutter gewohnt. Jetzt lebt nur noch meine Tante dort. Das weiß ich aus den Briefen, die ich immer wieder bekommen habe.«

Langsam fuhr Machlon die Dorfstraße entlang. Naemi entdeckte an der Kreuzung die Werkstatt, die Elimelech früher öfter aufgesucht hatte. Sie machte Machlon darauf aufmerksam.

»Wenn wir am Nachmittag zurückkommen, will ich mit dem alten Joseph reden. Er wird uns einen Traktor verkaufen können oder für den Anfang zumindest leihen.«

Naemi hatte Pläne, war voller Zuversicht. Gemeinsam würden sie es schaffen können, auch wenn sie einen Teil der Felder verpachten mußten.

In dem weiß gekalkten, wellblechgedeckten Haus wohnte

tatsächlich noch die Tante von Ruth. Sie war in der Zwischenzeit Witwe geworden. Einer ihrer Söhne lebte im Dorf und betrieb die Landwirtschaft weiter. Er hatte sich unten im Tal ein neues, modernes Haus gebaut, wo er Wasser- und Stromanschluß hatte.

Die alte Frau wollte Naemi und Machlon hierbehalten. Erst als sie versprachen, in einigen Stunden wieder hier zu sein, ließ sie sie gehen. Ruth begleitete Machlon zum Auto.

»Kommt rechtzeitig wieder zurück«, mahnte sie ihn. »Meine Tante will, daß ihr zum Abendessen da seid. Sie hat ihre ganze Familie eingeladen. Die wollen uns alle kennenlernen.«

Machlon gab Ruth schnell einen Kuß.

»Wir werden bestimmt pünktlich zurück sein.«

»Naemi nahm neben Machlon Platz. Sie winkte Ruth, solange sie sie sehen konnte. Vielleicht war es gut, daß Ruth jetzt nicht mitkam und die verödete Farm sah.

Die Straße schlängelte sich in engen Kurven zum Jordan hinunter. »Es ist gut, wenn du und Orpa Verbindungen zu dem Dorf aufnehmt. Das bietet Sicherheit«, meinte Machlon und fügte nach einer Weile hinzu: »Schon Vater hätte das mehr nutzen sollen. Er hatte sich immer auf die palästinensischen Flüchtlinge gestützt und hoffte, daß sie hier seßhaft werden würden. Jetzt ist keiner mehr da. Sie haben sich in andere Lager abgesetzt.«

Naemi war seit dem Tod von Elimelech nicht mehr auf der Plantage gewesen. Achmed hatte es ihr untersagt und das Haus durch die Polizei versiegeln lassen.

Das große eiserne Tor war verschlossen und mit einer Kette gesichert. Naemi und Machlon stiegen aus. Er untersuchte das Schloß. Es war erneuert worden. Ihre Schlüssel paßten nicht mehr.

»Komm, gehen wir um den Schuppen herum. Dort ist das kleine Tor«, bat Machlon seine Mutter, ihm zu folgen.

Naemi zögerte zuerst, ließ sich dann aber doch von Machlon überreden mitzugehen. Sie ärgerte sich. Es war doch ihr Grund und Boden. Man konnte sie doch nicht einfach ausschließen? Sie hatten das Recht, ihn zu betreten.

Das kleine Tor war zwar auch verschlossen, aber Machlon konnte es leicht öffnen. Über den Schotterweg gingen sie hinüber zum Haus.

Ein Mann kam aus dem Schuppen heraus und richtete sein Gewehr auf sie. »Halt! Stehenbleiben!«

Machlon zeigte keine Angst.

»Nimm das Gewehr herunter«, befahl er. »Meine Mutter und ich sind die rechtmäßigen Besitzer des Landes und des Hofes.«

Der Beduine hielt das Gewehr weiter im Anschlag. Der Abzug klickte. Sein Verhalten zeigte, daß er wahrmachen würde, was er drohte.

»Keiner hat das Recht, hier einzudringen. Meine Söhne und ich hindern jeden daran, der dieses Gebot mißachtet. Du bist des Todes, verschwinde!«

Aus dem Schuppen kamen fünf Männer. Auch sie waren bewaffnet und richteten ihre Gewehre auf Naemi und Machlon. Es waren abenteuerliche Gestalten, die Kleider zerschlissen, verschmutzt.

»Machlon, komm, wir gehen zurück«, mahnte Naemi. Hier konnten sie ohne Hilfe anderer nichts ausrichten. Vielleicht hatte sogar Achmed ihnen befohlen, das Gelände zu bewachen.

Der Alte gab einen Warnschuß ab. Machlon ließ sich trotzdem nicht beirren. Er fühlte sich im Recht. Darum schob er den Alten einfach zur Seite. Naemi konnte ihn nicht zurückhalten. Einer der jungen Burschen, er mochte erst vierzehn Jahre alt sein, schoß und traf Machlon in den Rücken. Er stürzte zu Boden. Sofort war Naemi an seiner Seite. Blut rann über ihre Hand.

»Bringe mich zum Auto«, keuchte er, wollte sich aufrichten und brach zusammen.

Naemi schaute die stumm dastehenden Männer an.

»Helft mir! Mein Sohn braucht einen Arzt.« Naemis Bitte verhallte ungehört. Es traf sie nur der vernichtende Blick des alten Beduinen.

Die Männer verschwanden, und Naemi war mit Machlon allein. Unter Aufbietung all ihrer Kraft schleppte sie ihn zum

Auto. Er war ohnmächtig geworden. Die Wunde hatte nachgelassen zu bluten. Dennoch würde Machlon verbluten, wenn sie nicht schnell genug zu einem Arzt kämen.

Naemi flehte zu Gott, daß er ihren Sohn am Leben ließ. Machlon war noch so jung. Sein ganzes Leben stand vor ihm, und doch wußte sie tief in ihrem Innern, daß ein Wunder geschehen mußte, um Machlon am Leben zu erhalten.

Schlaglöcher, Kurven – Naemi achtete nicht mehr darauf. Sie wollte nur so schnell wie möglich einen Arzt, und der war nur im Dorf Na'ur. Als sie die ersten Siedlungen des Dorfes erreichte, wußte sie: Machlon war tot. Zuerst wollte sie es nicht wahrhaben. Der Motor lief. Sie stieg nicht aus.

Man hatte sie gesehen. Leute liefen neugierig herbei. Ruth tauchte in der Menge auf. Als sie Naemi und Machlon entdeckte, schrie sie auf. Sein blutbeflecktes Hemd sagte ihr alles.

»Schnell, holt einen Arzt! Beeilt euch!«

Man holte den Arzt, aber der konnte nur noch den Tod feststellen.

Naemi stand hilflos da. Sie war am Ende ihrer Kraft. Sie weinte nicht, jammerte nicht – es war, als sei alles Leben von ihr gewichen.

Der Arzt und die Leute wollten, daß sie alle im Dorf blieben. Aber Ruth entschied anders. Sie wollte so schnell wie möglich nach Amman zurück. Sie wollte damit verhindern, daß einer vom Dorf oder einer aus ihrer Verwandtschaft Schwierigkeiten bekam. Sie wußte nicht, ob es ein Unfall oder Mord war. Machlon war tot, und Naemi konnte in ihrem Zustand nichts sagen, nichts erklären. Sie stand unter Schock und brauchte vor allem Ruhe.

5.

Fast jeden Tag besuchte Ruth das Grab ihres Mannes. Meist ging sie in den frühen Morgenstunden oder am Abend, wenn die Dämmerung hereinbrach. Sie war auf dem Friedhof schon zu einer gewohnten Erscheinung geworden.

Manchmal brachte sie Blumen mit, einige Margeriten, Rosen oder Oleander, die Machlon besonders gern gehabt hatte. Oft kam sie auch nur so und blieb am Grab stehen. Sie empfand die Ruhe ringsum wie einen Trost nach der lauten Geschäftigkeit der Stadt und der schwierigen Atmosphäre im Hause Naemis.

Ruth haderte nicht mit ihrem Schicksal. Sie stellte nichts in Frage. Sie war von ihren Eltern so erzogen worden, daß man seinem Schicksal in die Augen sah und versuchte, es mit Gottes Hilfe zu meistern. Ihre Eltern hatten ein schweres Leben zu bewältigen gehabt. Ihre Brüder starben, einer an einer Krankheit, der andere kam in Nablus durch ein Attentat ums Leben, und ihre Mutter starb an den Folgen eines Verkehrsunfalls.

Sie war damals sechzehn Jahre alt gewesen. Ihr Vater hatte nie ein Wort der Auflehnung noch der Klage über die Lippen gebracht. Er lebte für seine Schüler und opferte für sie Zeit und Kraft. Er wollte nicht, daß die arabischen Jungen sich militanten Gruppierungen anschlossen. Wegen seiner auf Frieden zwischen Arabern und Israelis ausgerichteten Meinung wurde Dr. Michail Halak immer wieder angegriffen.

Im Sechstagekrieg denunzierte man ihn als Kollaborateur und beschuldigte ihn, mit dem Schin Bet, dem israelischen Geheimdienst, zusammenzuarbeiten. Ruth erfuhr von seinem Tod in Paris. Mit Machlon wollte sie nach Nablus reisen, um Näheres zu erfahren über das, was mit ihrem Vater geschehen war. Sie wußte nur, daß ein bewaffnetes Kommando ihn aus seiner Wohnung geholt und in das Lager Balata gebracht hatte. Ob er dort oder in Nablus getötet wurde, wußte Ruth nicht. Seine Leiche wurde vor der Schule auf der Straße gefunden. Die Hände waren ihm auf den Rücken gebunden worden. Durch Kopfschuß hatte man seinem Leben ein Ende gesetzt.

In diese Zeit des Schmerzes kam Machlon. Er führte sie heraus aus dem Schmerz und der Trauer um ihren Vater. An seiner Seite bekam das Leben wieder Farbe und verlor seine Düsterkeit.

Machlon war ein Mensch, der Freude vermittelte, und nun

war er tot, für immer von ihr gegangen. Oft erging sie sich in Tagträumen, in denen sie glaubte, ihn neben sich zu sehen, mit ihm zu reden. Aber es waren Traumgespinste. Verließen sie sie, war die Wirklichkeit doppelt schwer zu ertragen.

Langsam kehrte bei Ruth der Blick für ihre Umwelt zurück. Der Schmerz und die Trauer, die sie anfangs wie einen Kokon eingehüllt hatten, begann durchsichtiger zu werden. Jetzt nahm sie auch wahr, wie Machlons Mutter litt. Naemi befand sich in einer tiefen Depression.

Sie war unfähig geworden, zu planen und zu handeln. Die Tage dämmerten für sie dahin. Sie lebte nicht mehr bewußt. Naemi wartete einfach auf den Tod. Alles schien sich für sie aufzulösen. Alles, was Elimelech aufgebaut hatte, zerrann unaufhörlich ins Nichts. Sprach sie, was in der letzten Zeit immer seltener vorkam, waren es nur klagende Worte. Ruth dachte dabei oft an die Leidensgestalt des Hiob.

Orpa dagegen war die einzige, die sich in diesen Tagen und Wochen der Realität und dem Alltag stellte. Sie verhandelte mit den Behörden, redete mit den Polizeibeamten, als es um den Tod von Machlon ging.

Mehrmals hatte man Kilion geholt, um ihn zu verhören. Man suchte die Männer, mit denen Machlon angeblich zusammengearbeitet hatte.

Ruth kehrte zurück vom Friedhof. Sie wunderte sich, daß im Haus kein Licht brannte. Naemi kauerte auf dem Sofa, und Orpa stand am Fenster.

»Was ist passiert?« fragte Ruth erschrocken und schloß die Tür.

»Sie waren hier und haben die Wohnung durchsucht. Naemi und ich wurden verhört.«

Nur undeutlich konnte Ruth in der Dunkelheit des Raumes Orpas Gesicht sehen. Die Straßenlampe draußen verbreitete nur wenig Licht im Raum, so daß alles schemenhaft wirkte.

Ruth faßte nach Orpas Hand und spürte die Kälte und das Zittern.

»Sie werden wiederkommen oder uns holen, denn sie glauben uns nicht.«

Ruth spürte, wie die Angst auch auf sie übergriff. Aber sie wehrte sich dagegen.

Sie zog die Vorhänge zu und knipste das Licht an.

»Wo sind Leila und Aisha?«

»Leila bringt die Kleine ins Bett.«

Nach und nach erfuhr Ruth, was sich hier abgespielt hatte.

»Sie suchen meinen Bruder Fahad. Er ist noch immer flüchtig. Aber Kilion weiß, wo er ist. Fahad wird Kilion helfen und alles riskieren. Ich kenne meinen Bruder, er schreckt vor nichts zurück.«

Naemi beteiligte sich mit keinem Wort an dem Gespräch der beiden Frauen.

Orpa zog aus ihrer Tasche einen Brief.

»Lies ihn. Es ist schon die zweite Aufforderung. Wir müssen das Haus hier räumen. Das Hotel wurde von Achmed an eine Gesellschaft verkauft. Von allem wußte ich nichts, denn Kilion wollte immer die Post haben. Er öffnete die Briefe und führte die Korrespondenz. Was er alles unternommen hat, weiß ich nicht.«

Ruth überflog die Zeilen. Die Kündigung war auf Ende des Monats angesetzt. »Wir haben nur noch zwei Wochen Zeit.«

Ruth schaute Orpa erschrocken an.

»So schnell eine andere Wohnung zu finden, ist fast unmöglich. In der Stadt gibt es kaum Wohnraum. Auch war ich immer der Meinung, dieses Haus ist im Besitz von Naemi.«

»Der Streit über die Besitzverhältnisse ist noch nicht entschieden. Achmed wartet bestimmt den Prozeß ab, aber auch dort wird er seine Hände mit im Spiel haben. Wir sind auf uns selbst gestellt.

Ich muß mich um eine Arbeit kümmern. Vielleicht kann ich einen Kindergarten übernehmen. Das Geld auf der Bank ist aufgebraucht. Den letzten Rest habe ich dem Rechtsanwalt gegeben.«

Ruth wußte, daß jetzt auch für sie eine Entscheidung anstand. Sie hatte in Paris die Möglichkeit, ihren alten Platz in der Universität einzunehmen. Dort könnte sie wieder bei ihrem Professor arbeiten. Er hatte sie sehr ungern gehen lassen. Sie spürte Orpas Blick und die Angst, daß sie gehen würde.

»Du denkst an Paris?«

Ruth nickte nur, und Orpa schlug die Hände vor das Gesicht. Sie weinte. Die Last der Verantwortung schien sie zu erdrücken. Wie sollte sie alles alleine schaffen?

Spontan entschloß sich Ruth zu bleiben. »Ich gehe nicht sofort. Paris hat Zeit. Vielleicht kann ich auch in Amman als Dolmetscherin oder in irgendeinem Büro arbeiten. Gleich morgen schauen wir nach einer Wohnung.«

Orpa wischte die Tränen vom Gesicht. Nicht allein zu sein, jemanden zu haben, auf den man sich verlassen kann – das war mehr wert als Geschenke.

»Danke«, sagte sie nur und drückte Ruths Hand.

»Wir sollten jetzt etwas essen. Ich habe Brot und Käse auf dem Markt gekauft.« Orpas praktischer Sinn ging sofort zum Handeln über. Es war auch leichter beim Essen, über die Zukunft zu reden. Jetzt, da Ruth bleiben wollte, konnte sie mit ihr auch über alle Schwierigkeiten reden.

Ihre Sorge galt Kilion. »Ich habe schon mit ihm gesprochen, daß er noch einmal eine Ausbildung machen sollte. Er hat geschickte Hände und könnte als Techniker arbeiten. Ich habe mich für ihn schon erkundigt. Es gäbe Möglichkeiten, er müßte sie nur wahrnehmen. Man wird ihn bestimmt nicht inhaftieren. Was sollen sie mit einem Krüppel anfangen?

Er kann niemand mehr gefährlich werden. Man wird ihn zu einer Geldstrafe verurteilen und ihn entlassen.« Orpa tat es gut, zu reden. Sie sprach von all den Sorgen und Nöten, die sie bewältigen mußte. All ihre Angst drehte sich um Kilion. Sie wußte nicht, in welche zwielichtigen Geschäfte er sich noch eingelassen hatte, um den drohenden Ruin der Familie aufzuhalten.

Ruth lernte auch Achmed kennen, der jetzt als Scheich und Oberhaupt dieser mächtigen Familie viel Einfluß in Politik und Wirtschaft gewonnen hatte.

»Achmed ist ein gefährlicher Gegner. Kilion hat seinen Einfluß immer unterschätzt. Wir werden vor ihm Frieden haben, wenn wir uns in allem fügen«, sagte Orpa und richtete wieder einen Koffer mit frischen Hemden und Wäsche, den Leila jede Woche zum Gefängnis brachte, in dem Kilion in Untersuchungshaft saß. Orpas Eingaben, ihren Mann besuchen zu dürfen, wurden abschlägig behandelt. Selbst während des Prozeßverlaufs war sie nur einmal als Zeugin vernommen worden und mußte danach wieder den Verhandlungen fern bleiben. Die Öffentlichkeit erfuhr davon nichts.

Orpa und Ruth waren so sehr in ihr Gespräch vertieft, daß sie nicht merkten, wie Naemi plötzlich aufstand und in ihr Zimmer ging. Es dauerte nicht lange, da kehrte sie zurück. Die Trauerkleider hatte sie abgelegt und trug nun das beige Leinenkostüm, das sie sich vor dem Tod Elimelechs gekauft hatte.

»Ich werde Achmed in seinem Büro aufsuchen. Dieses Mal wird er mich empfangen.«

Ruth stand auf. »Soll ich dich begleiten?« fragte sie besorgt.

»Nein«, erwiderte Naemi und griff nach ihrer Handtasche.

»Es ist besser, wenn ich allein gehe. Es geht um Fatima. Ihr kennt sie beide nicht, und es ist gut, wenn ihr damit auch nicht konfrontiert werdet. Ihre Forderungen, die sie mir erneut vorgetragen hat, werde ich Achmed überbringen.«

Es wurde Nachmittag, und Naemi war noch immer nicht zurück. Orpa und Ruth wurden unruhig. Sie sprachen nicht darüber, aber beide dachten, Naemi sei verhaftet worden. Leila war so in Sorge, daß sie sich auf den Weg machte, um nach Naemi zu forschen. Gegen Abend kehrte sie mit Naemi zurück.

»Kilion wird morgen heimkommen«, sagte Naemi zu Orpa und löste damit Freude, Erleichterung, aber auch Sorge über die kommende Zeit aus.

»Man hat ihn freigesprochen?« Orpa schaute Naemi fragend an.

»Der Prozeß ist noch nicht zu Ende. Es geht weiterhin um die Beweisführung. Achmed hat veranlaßt, daß Kilion das Gefängnis verlassen kann.«

»Und welchen Preis mußtest du dafür bezahlen?«

Naemi strich sich müde über das Gesicht. Sie hatte lange verhandelt, aber nicht viel erreichen können.

»Es ging mir um das Leben meines Sohnes. Was ist schon dagegen Besitz wert. Ich habe viele Verzichtserklärungen unterschrieben. Die ganze Plantage, das Hotel, die Fabrik, alles ist nun voll im Besitz der Familie Abd el Hadi. Damit sind auch alle Geldforderungen, die Fatima an mich stellte, an Achmed übergegangen. Wir werden dieses Haus hier räumen müssen, denn es gehört zum Hotel. Achmed hat uns großzügigerweise in der Altstadt ein altes Haus zur Verfügung gestellt.«

»Ob Kilion mit alledem einverstanden ist?« Orpa hatte ihre Bedenken und Angst, daß es darüber zu neuen Streitigkeiten kommen würde.

»Kilion wird es akzeptieren müssen. Es gibt keinen anderen Weg, und er weiß es«, entgegnete Naemi.

Orpa holte ihren Mann am nächsten Morgen mit Leila im Gefängnis ab und brachte ihn in sein Zimmer. Kilion war nur noch ein Schatten seiner selbst. Die lange Haftzeit hatte ihn zermürbt. Er redete nicht über das, was er durchgestanden hatte. Schwere Alpträume quälten ihn in der Nacht. Orpa rief einen Arzt, doch der verschrieb nur Beruhigungsmittel. Frische Luft und Ruhe, das sei das beste, was der Kranke jetzt benötigte, meinte er.

Kilion aber wollte nicht hinaus auf die Straße. Er duldete nicht, daß Naemi oder Orpa ihn spazieren fuhren. So verbrachte er die Tage in dem abgedunkelten Zimmer, meist für sich allein. Selbst zu einem Gespräch mit seiner Mutter fand er sich nicht bereit.

Der Umzug nahte heran. Kilion fragte nicht. Er nahm alles gelassen hin. Nach außen schien er ruhig. Doch Orpa ahnte, daß er darüber grübelte, wie er sich bei seinem Gegner Achmed rächen konnte. Gerade weil er darüber nicht sprach, sorgte sich Orpa um so mehr.

Das Haus, das zu ihrem neuen Heim wurde, stand in der Nähe des römischen Nymphäums, ganz in der Nachbarschaft der Hussein-Moschee. Die Räume waren klein und hatten nur winzige Fenster, durch die wenig Licht drang.

Den unteren Stock bewohnte Orpa mit Kilion und Aisha. Die obere Wohnung teilten sich Leila, Naemi und Ruth. Sie mußten viele Einschränkungen hinnehmen, doch keine der Frauen beschwerte sich. Nur Kilion machte jetzt seinem Unmut Luft und klagte seine Mutter an, sie sei an dieser ganzen Misere schuld.

Ruth bekam stundenweise Arbeit in einem Büro, in dem sie Übersetzungen machen konnte, während Orpa sich um eine Stelle in einem Kindergarten bemühte. Naemi fand für drei halbe Tage in der Woche Arbeit bei einem Arzt.

Alle hatten sich mit der neuen Situation abgefunden, nur Kilion nicht. Manchmal ließ er sich schon am Morgen von Leila mit dem Rollstuhl auf die Straße bringen. Er verbrachte dann den Tag im nahen Kaffeehaus, rauchte Wasserpfeife und beteiligte sich an den Dominospielen. Doch gab es auch Tage, die er schweigend in der abgedunkelten Wohnung zubrachte und zornig reagierte, wenn seine Tochter weinte.

Orpa ertrug seine Launen und seine eifersüchtigen Quälereien. Er wollte nicht, daß sie weiter arbeitete, und so gab sie alles wieder auf. Auch von Naemi verlangte er dies. Doch seine Mutter ließ sich von ihm keine Vorschriften machen. Sie wollte keine Almosen empfangen, wie Kilion es verlangte, daß Achmed sie versorgen müßte.

Die Hitze kam im Sommer des Jahres 1973 früher als erwartet. Viele Kinder wurden krank. Auch Aisha bekam hohes Fieber. Orpa wachte Tag und Nacht am Bett des Kindes, während Kilion viel Zeit im Kaffeehaus verbrachte.

Plötzlich erschienen immer wieder Männer. Oft kamen sie schon am frühen Morgen. Manchmal ließ sich Kilion auch von ihnen mitnehmen. Fragte Orpa, so sagte er nur, daß es seine Freunde seien, die sich um ihn kümmern würden.

Kilions Interessen änderten sich. Er nörgelte nicht mehr so viel herum und sprach wieder über Politik.

Oft waren so viele Leute in der Wohnung, daß Orpa sich zu Ruth und Naemi flüchtete.

Es fiel ihr schwer, Ruth immer wieder um Geld anzubetteln; denn Kilion verlangte, daß die Leute, die ihn besuchten, auch bewirtet wurden.

Früh an einem Freitagmorgen – der Muezzin hatte gerade wieder die Gläubigen zum Gebet gerufen – klopfte es heftig an die Tür, und Orpa lief, um zu öffnen.

Der Fremde redete sie auf englisch an. Orpa glaubte, es sei ein Reporter, der mit Kilion eine Verabredung getroffen hätte. Erst als Orpa die Tür geschlossen hatte und den Riegel vorlegte, nahm der Mann den Hut und die Sonnenbrille ab.

»Erkennst du mich jetzt?«

Orpa zuckte zusammen. Vor ihr stand ihr Bruder Fahad. Zuerst war sie glücklich, ihn zu sehen. Dann aber überfiel sie die Angst um seine Sicherheit.

»Man wird dich sofort festnehmen, wenn man erfährt, daß du in der Stadt bist. Du wurdest überall gesucht. Auch mich hat man wegen dir verhört.«

Fahad legte seine Hand auf Orpas Mund.

»Nicht so viel reden. Ich bin hier. Man wird mich nicht erkennen. Das verspreche ich dir. Es gibt jetzt so viele Touristen in der Stadt. Ich habe gelernt, sehr schnell zu verschwinden, wenn es brenzlig wird. Eigentlich wollte ich schon früher kommen. Dein Mann hat mich schon früher erwartet. Aber dringende Geschäfte in Kairo hielten mich auf.«

»Du hast dein Studium in Beirut nicht fortgesetzt?«

Fahad zuckte die Schultern.

»Irgendwann, wenn die Zeit gekommen ist, werde ich auch mein Studium fortsetzen, heiraten und eine Familie gründen. Doch jetzt ist nicht der Augenblick dazu.«

Kilion lag noch im Bett, als Orpa mit Fahad in die Wohnung kam. Sie ließ die beiden allein, weil Kilion es so wünschte.

Orpa fütterte Aisha und überlegte, was zu tun war. Sollte sie zu Naemi und Ruth gehen und ihnen sagen, daß Fahad da ist? Oder sollte sie einfach schweigen und zuerst einmal abwarten?

Doch Fahad blieb den ganzen Tag. Er übernachtete bei ihnen. Meist tauchte er in den folgenden Tagen in den späten Abendstunden auf. Es blieb nicht aus, daß Naemi ihm im Treppenhaus begegnete. Sie erkannte ihn sofort an seiner

Stimme, als er nach Kilion rief, der ihm aufmachen mußte, da Orpa zum Einkaufen unterwegs war.

Naemi ging mit in die Wohnung.

»Es ist schön, daß du uns besuchst, Fahad. Aber was wird hier gespielt?« Sie richtete die letzten Worte an ihren Sohn. »Ich wurde schon von Patienten meines Arztes angesprochen, warum bei uns so viele Leute verkehren. Wir erregen bereits Aufmerksamkeit.«

Kilion winkte ärgerlich ab.

»Geschäfte, Mama, nur Geschäfte, sonst nichts.«

Naemi ließ sich nicht so schnell abweisen.

»Was für Geschäfte, mein Sohn? Ich will nicht, daß uns erneut die Polizei überwacht und wir ständig Angst haben müssen, verhaftet zu werden.«

Fahad verhielt sich ganz still und sagte nichts.

»Mama, laß uns bitte allein. Ich erkläre dir alles später. Jetzt ist dazu nicht die Zeit.«

Naemi ging hinaus und fand Orpa mit ihrer Tochter oben bei Ruth. Sofort kam sie auf Fahad zu sprechen.

»Daß dein Bruder hier ist, Orpa, erfüllt mich mit Sorge. Gegen seine Person habe ich nichts. Aber Kilion verstand schon immer, Fahads Gutmütigkeit für sich auszunutzen. Ich weiß nicht, was gespielt wird. Ich möchte nicht, daß Fahad etwas geschieht, nur weil er meinem Sohn in irgendeiner dunklen Sache helfen wollte. Kilion hat sich in etwas verrannt, was uns allen Unglück bringen wird. Ich fühle es. Warne Fahad, er soll so schnell wie möglich zurück nach Beirut. Nur dort wird er in Sicherheit sein.«

Orpas große dunkle Augen waren voller Schwermut und Trauer. Ihre ganze Gestalt drückte tiefe Resignation aus. Sie hatte schon alles versucht, aber nichts erreicht. Kilion war nur noch widerspenstiger geworden. Wie vernarrt schien er nur ein einziges Ziel im Auge zu haben, dem er zusteuerte, dem er alle Kraft gönnte und für das er auch alles einsetzte.

Orpas Augen schwammen plötzlich in Tränen.

»Ich habe Angst«, sagte sie nur. »Es wäre gut, wenn wir so schnell wie möglich Amman verlassen würden.«

Ruth hatte sich die ganze Zeit still im Hintergrund gehalten. Sie ahnte, daß Orpa mehr wußte, als sie sagen wollte. Ihr war seit einigen Tagen klargeworden: Kilion pflegte wieder engere Verbindungen mit der Al Fatah und hatte auch zu anderen politischen Gruppen in der Stadt enge Kontakte, denn Kuriere gingen hin und her. Kilion benutzte das Telefon so gut wie nie, und wenn, gab er verschlüsselte Meldungen durch. Einmal hatte er Ruth gebeten, einen Brief an eine Adresse zum Jebel al Qala'a zu bringen.

Ruth zog die Vorhänge zu. Die Hitze lähmte jede Aktivität. Unten auf dem freien Platz vor der Moschee war es sehr ruhig geworden. Nur einige alte Männer hatten sich in den Schatten der Ölbäume zurückgezogen. Nebenan plauderte Leila mit Aisha.

Sie hörten, wie unten Kilion gegen die Tür schlug. Orpa zuckte nervös zusammen. »Er ist wieder betrunken«, stöhnte sie.

»Bleib hier und laß ihn allein«, forderte Naemi Orpa auf, als diese schon zur Tür eilte.

»Ich muß gehen, sonst schlägt er alles zusammen.«

Naemi ging mit Orpa nach unten, während Ruth zurückblieb. Sie wäre gern mit Aisha und Leila spazierengegangen, aber sie mußte noch einige Schreibarbeiten erledigen, die Naemi ihr aufgetragen hatte.

Kilion war jedoch nicht betrunken, wie Orpa zuerst vermutet hatte. Er war so nüchtern wie seit Tagen nicht. Er hatte sich sogar ein frisches Hemd angezogen und saß nicht nur in einem zerschlissenen Unterhemd im Rollstuhl. Beständig blickte er auf die Uhr, dann wieder kontrollierte er den freien Platz vor der Moschee.

Doch draußen änderte sich nichts. Alles blieb so friedlich und ruhig wie zuvor.

»Erwartest du Besuch?« Kilions Nervosität steckte auch Naemi an.

»Fahad müßte längst wieder hier sein«, sagte er mehr zu sich selbst als zu seiner Mutter. Er schien angestrengt zu überlegen und verfluchte dabei seine tauben, lahmen Beine, die ihn daran hinderten, selbst zu handeln.

»Mama, ich muß hier weg, so schnell wie möglich. Bringe

mich zum Dschebel Adjlun. Dort sitzen Freunde von mir, die weiterhelfen können.«

Er wandte sich Orpa zu, die ängstlich an der Tür stand.

»Du mußt hinüber zur Moschee und den Imam warnen. Sage ihm, die Sache ist nicht so verlaufen wie erwartet und geplant. Er soll so schnell wie möglich untertauchen und weitere Nachrichten abwarten.«

Orpa griff nach dem Tuch und schlang es sich um Schulter und Kopf.

Naemi dagegen folgte nicht so schnell Kilions Befehl.

»Um was geht es, Kilion?« Ihre Stimme klang scharf.

»Ich kann dir jetzt nichts erklären, dafür ist keine Zeit. Sie werden bald hier sein. Willst du, daß sie mich verhaften? Du hast doch selbst dafür gesorgt, daß ich aus dem Gefängnis komme und es teuer bezahlt.«

Naemi sah Kilion an. »Warum konntest du nicht alles hinnehmen? Dein Stolz, dein Ehrgeiz, dein verletztes Schamgefühl treiben uns ins Verderben!«

»Ich kann nicht ertragen, wenn man uns wie Hunde behandelt.«

Er umklammerte die Räder seines Rollstuhls und fuhr ihn wieder näher an das Fenster. Es war der Platz, den er tagtäglich einnahm und von dem aus er alles beobachtete.

Sein Gesicht war bleich. Die Augen brannten in den tiefen Höhlen vor Ungeduld und Fanatismus. Sein Plan mußte gelingen. Für einen Augenblick schien er Naemi vergessen zu haben.

Er beobachtete Orpa, wie sie über den Platz eilte und hinter der Moschee verschwand.

Vor dem Bistro auf der anderen Seite des Platzes schob der Besitzer ein Schild zur Seite, öffnete weit die Türen und nahm wie an jedem Tag auf seinem Stuhl den Platz ein. Die Siesta war zu Ende. Neue Kunden würden bald erscheinen.

»Jetzt kann ich nicht mehr länger warten. Du mußt mich wegbringen, Mama.«

Naemi zögerte. Eine Flucht würde alles noch verschlimmern. »Wir werden hier abwarten«, sagte sie ruhig, aber bestimmt.

Ruth kam die Treppe herunter und sah Kilion mit seinem Rollstuhl auf dem Flur. Dahinter im Zimmer stand Naemi. Ruth spürte, wie gespannt die Atmosphäre war. Kilion hatte plötzlich eine Pistole in der Hand, die er auf Ruth richtete.

»Ich werde sie erschießen, Mama, wenn du mich nicht sofort zu deinem Auto bringst.«

Naemi wußte, er würde wahrmachen, was er angedroht hatte. Sie öffnete die Haustür und schob ihn hinaus. Ruth wollte ihnen nachgehen, doch Kilion hinderte sie daran.

»Du kannst Orpa helfen. Bleibe am Telefon. Fahad wird bestimmt anrufen, wenn er nicht kommen kann.«

Noch immer hatte er die Pistole auf Ruth gerichtet. »Geh, schließe die Tür«, sagte Naemi müde. »Ich bringe Kilion allein weg.«

Naemi beeilte sich und schob Kilion mit seinem Rollstuhl über den Platz. Das Auto stand vor dem Schuppen. Sie war froh, daß sie es nicht noch herausfahren mußte. Mit fahrigen Fingern schloß sie auf, half Kilion auf den Beifahrersitz und wollte gerade den Rollstuhl zusammenklappen und im Kofferraum verstauen, als mit heulenden Sirenen von allen Seiten Polizeiwagen auf den freien Platz fuhren.

Alles ging so schnell, daß Naemi nicht zum Handeln kam.

»Setze dich ans Steuer, Mama. Du mußt fahren«, schrie Kilion verzweifelt und richtete seine Pistole gegen die schwer bewaffneten Polizisten. Er wußte, daß er dieser Macht hilflos ausgeliefert war. Aber sich ergeben, das wollte er nicht. Und so richtete er seine Pistole gegen sich selbst. Doch bevor er abdrücken konnte, durchsiebte eine Maschinengewehrsalve seinen Körper. Kilion verblutete, während man Naemi festnahm.

Ruth konnte vom Fenster aus beobachten, wie Naemi in einem gepanzerten Wagen weggebracht wurde, während man Kilion aus dem Auto zerrte und auf den Boden legte.

In dem hektischen Durcheinander von Militär, Polizei und neugierigen Passanten bahnte sich Orpa einen Weg durch die gaffende Menge. Sie schob die Soldaten zur Seite und kniete an Kilions Leiche. Auch sie wurde verhaftet. So schnell wie Polizei und Militär erschienen waren, verschwanden sie auch wieder. Zurück blieb nur das zerschossene Auto. Männer standen in Gruppen herum, gingen dann aber in die Moschee oder suchten das Bistro auf.

Ruth hatte den Platz am Fenster noch nicht verlassen. Zitternd und ratlos wartete sie, daß endlich Leila mit der kleinen Aisha kommen würde. Sie wußte in ihrer Angst nicht, was sie tun sollte.

Ruth ging durch die Zimmer und blieb immer wieder neben dem Telefon stehen. Überall lagen Kleider, Zeitungen, Bücher, Dinge, die Kilion gehörten. Ruth wußte nicht, ob sie aufräumen oder alles liegenlassen sollte. Jeden Moment konnte die Polizei kommen, sie holen und eine Hausdurchsuchung vornehmen.

Leila kam zurück. Sie trug Aisha auf dem Arm und reichte die Kleine Ruth, die das Kind glücklich in die Arme schloß. Leila legte den Riegel vor. Sie wußte bereits, was vorgefallen war.

»Allah stehe uns bei!« murmelte sie immer wieder und sah Ruth hilflos an.

»Achmed wurde getötet. Man erschoß ihn, als er sein Büro zur Mittagszeit verließ. Der Attentäter muß in einem Auto auf ihn gewartet haben. Auch einer der Sicherheitsbeamten, die Achmed meist begleiteten, wurde niedergeschossen.«

Der Abend verging. Die Nacht brach an, doch weder Leila noch Ruth fanden Schlaf. Noch ehe der Tag anbrach, erschienen die Polizei und der Sicherheitsdienst. Ruth und Leila wurden verhört. Man durchsuchte jeden Winkel im Haus.

Ohne viel Aufsehen wurde Kilion am anderen Tag vor Einbruch der Nacht bestattet. Kein Imam war zugegen, der den Segen Allahs für den Toten erflehte. Nur Ruth sprach stumm ein Gebet. Dann ging sie durch die Dämmerung zurück, argwöhnisch beobachtet von den Leuten des Sicherheitsdienstes, die das ganze Gelände sicherten und auch ständig zugegen waren, wenn Ruth oder Leila das Haus verließen.

Orpa kehrte nach einer Woche zurück. Sie war so erschöpft, daß sie zwei Tage hindurch schlief. Man hatte sie pausenlos verhört und ihr kaum Ruhe gegönnt. Doch Orpa konnte immer nur dasselbe wiederholen, daß sie von nichts gewußt habe.

Erst als man Fahad verhaften konnte, ließ man sie frei. Doch das erfuhr Orpa erst viel später. Nach und nach wurden auch alle die verhaftet, die mit Kilion Kontakt gehabt hatten.

Ruth versuchte, etwas über Naemi zu erfahren. Man hatte sie in eines der Militärgefängnisse gebracht, aber eine Besuchererlaubnis erhielt Ruth nicht.

6.

Nach dem letzten Verhör war Naemi in einen bleiernen Schlaf gesunken. Sie wußte nicht, was für eine Tageszeit es war, als sie von Ferne her Geräusche vernahm. Auf einmal registrierten ihre Sinne wieder jeden Schmerz. Jede einzelne Muskelfaser glaubte sie zu spüren. Selbst das Atmen schmerzte. Bei jeder Bewegung meinte sie, ihr Körper würde sich in seine Substanzen auflösen. Es ging wie ein Pendel hin und her, kam wie in Wellen und ebbte wieder ab. Naemi wurde erneut ohnmächtig und lag für mehrere Stunden auf der Holzpritsche mit der feuchten, von Schweiß und Urin durchnäßten Decke.

Gegen Abend wurde eine Frau in ihre Zelle gebracht. Auch sie lag zuerst wie betäubt auf der Pritsche. Man hatte sie gefoltert und schweren Torturen unterzogen, doch sie hatte alles besser überstanden als Naemi. Vorsichtig näherte sie sich der Tür, lauschte nach draußen und kümmerte sich danach um Naemi, die laut stöhnte, jedoch noch nicht ansprechbar war. Imtigas Wadha war noch jung, erst zwanzig Jahre alt. Sie hatte nur einen Gedanken, der sie aufrecht hielt und sie alles ertragen ließ: das war das Kind, mit dem sie schwanger ging. Ali, ihr Freund, war in Maraq erschossen worden, als sie in einem Camp gefangene Fedajin befreien wollten. Sein Vermächtnis an sie war dieses Kind. Sie wollte es behalten. In ihm würde Ali weiterleben. Das war ihre Hoffnung, an die sich die junge Frau klammerte.

Imtigas biß die Zähne zusammen. In dieser Zelle war sie schon häufiger gewesen. Sie rechnete nicht mehr nach. Es war langsam egal, ob es dreißig oder fünfzig Tage waren. Man würde aus ihr nichts herauspressen können.

Sie kauerte neben Naemi, trocknete mit ihrem Kopftuch den Schweiß von Naemis Stirn. Sie sah, daß Naemis Widerstand am Ende war.

Sie hatte viele solcher Frauen gesehen. Manchmal lebte sie einige Tage mit ihnen zusammen, dann wurden sie weggebracht in ein Spital, wie es hieß, aber keine war je zurückgekehrt.

Als draußen der Morgen dämmerte, wurde Naemi wach. Sie versuchte sich aufzurichten, doch sie sank stöhnend zurück.

»Du mußt ganz ruhig liegen bleiben«, beruhigte sie Imtigas. »Die Schmerzen lassen wieder nach. Ich habe das auch mitgemacht.«

Sie reichte Naemi einen Becher Wasser aus dem Krug, den einer der Bewacher hereingeschoben hatte. Gierig schluckte Naemi das Wasser. Ihre Kehle war wie ausgedörrt. Die Hälfte von dem Wasser schwappte über, näßte ihr verschwollenes Gesicht, ihren Hals und rann über ihre Brust. Ihre Augenlider flatterten. Ein Zittern lief durch ihren geschundenen Körper. Sie versuchte, Imtigas anzublicken, doch immer wieder verschwamm alles vor ihren Augen.

Die junge Frau redete mit Naemi. Sie wollte, daß sie wach blieb und nicht erneut in eine Ohnmacht wegtauchte.

Naemi hörte Imtigas reden. Ihre rauhe, doch wohlklingende Stimme drang an ihr Ohr. Sie verstand nicht alles, nahm nicht alles auf. Aber so viel konnte sie noch behalten und sich später daran erinnern.

Imtigas Wadha kam aus Ramallah. Ihre Familie hatte dort Grundbesitz, aber jetzt wohnte sie im Lager. Das Haus war in die Luft gesprengt worden, weil einer der Brüder in Ostjerusalem eine Mine gelegt hatte und andere Brüder zur Al Fatah gehörten. Sie selbst gehörte ebenfalls einer dieser Gruppen an, so wie ihr Freund Ali. Genaues berichtete sie über ihre Tätigkeit nicht, da man immer damit rechnen mußte, daß einer mithörte. Aber sie erzählte von ihrer Familie und aus der Zeit, als alles noch seine geregelte Ordnung hatte.

Imtigas liebte Blumen, und ihr Traumziel war, irgendwann einmal in einer großen Gärtnerei zu arbeiten, in der man Blumen züchtete, vor allem Rosen. Sie beschrieb Naemi die vielfältigsten Sorten mit ihren Knospen, ihren Blüten, ihrem Duft. In ihrer Vorstellungswelt verwandelte sich die Zelle in eine blühende Palette.

»Ob das je einmal wahr werden wird? Ich träume trotzdem diesen Traum weiter. Er erhält mich hier in dieser Hölle am Leben.«

Sie trank selbst einen Becher von dem abgestandenen, übelriechenden Wasser.

Naemi war jetzt ganz wach geworden. Ihre Gedanken ordneten sich etwas, und sie erinnerte sich an das schreckliche Verhör, in dem man sie an die Elektroden angeschlossen hatte.

Und doch brachten sie auch da nichts aus ihr heraus. Sie konnte die vielen Fragen nicht beantworten, denn sie kannte weder die Methoden noch die Praktiken des israelischen Geheimdienstes Schin Bet, dessen Agentin sie hätte sein sollen. Man vermutete, daß sie sehr viele Informationen hatte. Naemi wußte nicht, was in Geheimverhandlungen die verbündeten arabischen Staaten beschlossen hatten. Auf alle diese detaillierten Fragen konnte sie keine Antwort geben. Man hatte sie geschlagen, vergewaltigt, in eine enge Dunkelzelle gesperrt, wo sie weder liegen noch richtig stehen konnte und wo die Luft fast nicht zum Atmen reichte. Wie oft sehnte sie sich den Tod herbei, aber er kam nicht.

Über ihre ganze Familie wollte man viel wissen. Aber sie konnte nur das sagen, was sie wußte, und das waren keine Geheimnisse. Oft lachten ihre Peiniger über ihre Naivität, dann aber schlug ihr Spott wieder in brutalen Zorn um, und man peinigte sie.

Naemi erbrach das Wasser, das sie getrunken hatte. Vorsichtig wischte Imtigas ihr das Gesicht sauber.

»Denke nicht daran, was sie gemacht haben. Du mußt deine Kräfte sammeln. Du darfst dich von ihnen nicht zerbrechen lassen, das ist es doch, was sie wollen: die Zerstörung deines Ichs.«

Als Naemi wieder um Wasser bettelte, reichte ihr die junge Frau erneut den Becher.

»Trinke ganz langsam in kleinen Schlücken, sonst wirst du dich wieder erbrechen.«

Naemi konnte in dem diffusen Licht die Züge der Frau erkennen. Imtigas hatte ein rundes Gesicht, kurze lockige Haare, die dunkelbraun oder schwarz schienen. Sie war noch jung, fast ein Kind. Trotz des weiten grauen Kittels sah sie ihre Schwangerschaft.

Naemi hätte sich noch gerne mit ihr weiter unterhalten, aber sie war so müde und erschöpft. Jedes Wort fiel ihr schwer. Ganz leicht streichelte Imtigas über ihr mageres, eingefallenes Gesicht.

»Rede nicht, wenn es dich zu sehr anstrengt. Denke immer daran: du mußt deine Kräfte sammeln. Du willst hier doch nicht ewig bleiben.«

Imtigas fluchte ihren Peinigern und wünschte ihnen Allahs ganzen Zorn, der sie in den Abgrund der Hölle bringen sollte.

Als sie ihre Haßtiraden erschöpft beendet hatte, atmete sie lange und tief durch. »Manchmal muß ich es einfach los werden, sonst ersticke ich daran.«

Erneut drangen Geräusche an ihr Ohr. Stiefelschritte auf dem rauhen Betonfußboden, Stimmen, Befehle, Schreie. Es waren die Geräusche, die sie alle kannten, die sich immer und immer wiederholten.

Dieses Mal gingen die Schritte an ihrer Zelle vorbei. Imtigas wie auch Naemi hatten den Atem angehalten. Nun, als es wieder leise wurde, begann Imtigas erneut zu reden. Sie sprach von Dingen, die Naemi nicht verstand. Sie konnte sie nicht aufnehmen. Schwindel erfaßte sie. Sie sank zurück. Doch nicht lange, dann war sie wieder hellwach.

Draußen hörten sie, wie einige Schüsse die Stille zerrissen. Dann kamen die Soldaten zurück, gingen wieder vorbei. Aber es dauerte nur eine Minute, da wurde die Zellentür aufgestoßen.

Einer der Sergeanten forderte Imtigas auf: »Los, komm!«
Sie griff nach ihrem Umschlagtuch.

»Laß es hier. Das brauchst du jetzt nicht. Es wird dir schon warm werden.« Der bärtige Kerl lachte spöttisch.

Naemi lag auf ihrer Pritsche und wartete. Die Stunden rannen zähflüssig dahin. Man brachte ihr etwas Suppe und ein Stück Fladenbrot, aber sie rührte davon nichts an.

Ihre Gedanken kreisten beständig um Imtigas, der jungen Frau, die sich ihrer so angenommen hatte. Es war die einzige menschliche Zuwendung, die sie seit langem erfahren hatte.

Naemi hatte den Begriff für Zeit verloren. Sie wußte nicht, ob sie Tage, Wochen oder schon Monate hier war. Sie wußte auch selten, ob es Tag oder Nacht war. Holte man sie zu den Verhören, brannte immer nur dieses überaus grelle Licht in dem fast kahlen Raum.

Manchmal dachte sie an ihre Familie, an Orpa, an Ruth und an das kleine Mädchen. Lebten sie noch, waren sie schon aus Amman geflohen?

Naemi erhielt keinen Besuch, keine Informationen von draußen, obwohl Orpa wie auch Ruth ständig um Erlaubnis baten, sie besuchen zu dürfen. Sie hatten Kleider und Lebensmittel für sie abgegeben, Gesuche geschrieben, aber nichts hatte Naemi erreicht.

Manchmal war die Einsamkeit, die Naemi umgab, unerträglich. Sie konnte nicht einmal mehr zu ihrem Gott reden und fühlte sich ausgestoßen in eine totale Leere, in der nichts mehr war, was sie hielt, nicht einmal mehr ein Abgrund, auf dem sie zerschmettert liegenblieb.

Es war gegen Morgen, als Imtigas von zwei Polizeibeamten in die Zelle geschleift wurde. Ohnmächtig hatten sie sie auf ihre Pritsche gelegt. Sie trug nur ein Hemd, Rock und Pullover lagen zu einem Bündel gebunden daneben.

Naemi versuchte sich aufzurichten. Sie taumelte und kroch dann auf ihren Knien, weil sie es anders nicht schaffte, zu Imtigas hinüber. Sie fühlte, wie die Frau sich bewegte, leise stöhnte. Das Bewußtsein kehrte zurück. Mit beiden Händen griff Imtigas nach ihrem Leib. Wieder stöhnte sie vor Schmerzen.

»Alles ist gut gegangen – bis heute«, brachte sie mühsam über ihre Lippen.

»Sie haben mich mit einem Eisenrohr geschlagen. Ich habe ihnen nichts gesagt, nicht das, was sie eigentlich wissen wollten. Aber das Kind.« Imtigas versuchte sich aufzurichten und fiel jammernd zurück.

»Die Wehen, ich habe Wehen...«

Ihr Atem ging schwer. »Das Kind, ich will nicht, daß es stirbt, daß ich es verliere. Du mußt laut brüllen, sonst reagieren sie nicht. Rufe, sie sollen einen Arzt schicken. Sie können mich doch nicht so liegen lassen.«

Naemi schien die Sorge um Imtigas neue Kräfte zu geben. »Bleibe ganz ruhig liegen.«

Die heftige Blutung ließ sich nicht stillen, obwohl Naemi alles versucht hatte. Naemi schlug erneut gegen die Zellentür, nachdem beim ersten Mal alles still geblieben war.

»Wir brauchen einen Arzt, einen Pfleger«, schrie sie laut, so laut sie konnte. »Die Frau wird verbluten.«

Nichts schien sich draußen zu bewegen.

Imtigas redete ständig von dem Kind. »Hilf mir! Ich will es lebend haben, auch wenn ich sterbe. Alis Kind soll leben. In ihm werden er und ich weiterleben. In ihm werden wir die Freiheit erleben, von der wir beide immer geträumt haben.« Ihre Stimme erstarb im Flüstern. Naemi verstand nicht mehr, was sie sagte.

Die Wehen wurden stärker. Das Kind wurde geboren. Doch es kam tot auf die Welt. Imtigas erreichte das Bewußtsein nicht mehr. Sie verblutete. Naemi konnte ihr nicht helfen.

Sie legte das Kind in das Tuch. Tränen rannen ihr über das Gesicht. Sie fühlte sich so hilflos, so allein. In dieser kurzen Zeit, die sie beide sich kannten, war ihr Imtigas zu einer Freundin geworden, und nun lebte sie nicht mehr, obwohl sie noch so jung war.

Die Stunden schleppten sich dahin. Noch immer kauerte Naemi am Lager der jungen Frau. Sie merkte nicht, daß einer der Wächter kontrollierte, sie sah und kurz darauf mit einem der Offiziere, die die Verhöre durchführten, erschien. Man stellte unzählige Fragen. Naemi antwortete monoton. Was sollte sie jetzt noch Anklage erheben? Imtigas war tot. Keiner konnte sie zum Leben erwecken. Warum jetzt noch groß ein Protokoll verfertigen.

Imtigas Wadha wurde hinausgetragen, und Naemi blieb allein in der Zelle zurück. Wieder vergingen Tage. Sie wurde nicht mehr zum Verhör geholt, auch keine neue Zellennachbarin wurde ihr gebracht.

Naemi lag meist auf ihrer Pritsche. Sie aß kaum etwas, trank nur von dem Wasser oder dem Tee, den man ihr hereinstellte. Sie litt unter Übelkeit. Die Schmerzen in Brust und Rücken ließen nicht nach. Jeder Atemzug schmerzte.

Plötzlich war sie frei. Wie es vor sich ging, welches der Grund der Freilassung war, das alles erfuhr sie nicht. Man brachte ihr Kleider in die Zelle. Sie erhielt ihre Entlassungspapiere, und dann stand sie auf einmal draußen im blendend hellen Sonnenlicht.

Da waren Orpa und Ruth, tief glücklich, Naemi zu sehen. Naemi wußte zuerst nicht: Träumte sie oder war es tatsächlich Wirklichkeit, daß ihre beiden Schwiegertöchter sie umarmten und zu einem Auto brachten. Naemi schloß die Augen aus Angst, der Traum könnte verflattern und sie wieder in die Zelle bringen.

Ihre knochigen, mageren Hände fühlten den warmen Druck von Ruths Hand.

»Wir sind bald zu Hause, Naemi. Aisha wartet dort auf dich.«

Naemi nickte nur. Sie ließ alles wortlos mit sich geschehen: daß man sie ins Haus führte, in ihr Bett brachte. Sie roch den vertrauten Lavendelgeruch ihrer Wäsche, hörte Aisha nach ihr rufen. Ruth setzte sich zu ihr auf das Bett und hielt ihre fiebrigen Hände.

»Endlich bist du wieder bei uns. Es ist wie ein Wunder. Wir hatten schon alle Hoffnung aufgegeben, dich je wiederzusehen. Wir wußten zum Schluß nicht einmal mehr, ob du noch am Leben bist. Wir hörten immer wieder, daß Gefangene tot aufgefunden worden seien.«

Ruth weinte und küßte Naemi. Sie waren alle so froh, daß

die Sorge um sie ein Ende hatte. Mit Naemi vereint konnten sie neu planen.

Naemi hatte nur Augen für die kleine Aisha. Das Kind klammerte sich an Orpas Arm. »Komm, Aisha, das ist deine Großmutter. Du hast doch immer von ihr gesprochen«, sagte Orpa. Doch Aisha begann zu weinen.

Naemi war ihr fremd geworden. Sie war nicht mehr die hübsche, vitale Frau. Abgemagert und zitternd saß sie in ihrem Bett. Das blonde Haar hing strähnig und grau geworden um das eingefallene, magere Gesicht mit den tiefliegenden Augen.

Naemi beruhigte das weinende Kind, das nicht zu ihr wollte.

»Du wirst mich bald wieder besser kennen, Aisha. Jetzt bleibe bei deiner Mama und Leila. Noch bin ich krank. Aber ich werde bestimmt wieder gesund. Dann werden wir beide zusammen spielen, und ich werde dir Märchen und Geschichten erzählen.«

Ruth holte den Arzt, bei dem Naemi längere Zeit gearbeitet hatte. Dr. Takal wollte zuerst nicht kommen, ließ sich dann aber von Ruth überreden. Er kam erst, als es ganz dunkel geworden war, untersuchte Naemi, gab ihr eine schmerzstillende Spritze und ließ mehrere Medikamente da.

»Man hat auch mich bedroht. Es verging keine Woche, in der nicht ein Brief mit Forderungen an mich kam«, sagte er zu Naemi.

Als Orpa ihn am Wochenende noch einmal für Naemi holen wollte, war er nicht in seinem Haus. Seine Haushälterin erklärte, er sei zu einer Konferenz nach Aqaba gefahren.

Ruth hätte Naemi gerne in ein Krankenhaus gebracht, doch davon wollte sie nichts wissen. Wer hätte auch die Kosten übernehmen sollen? Es gab kein Geld mehr, das wußte Naemi von Leila. Von ihr hatte sie auch erfahren, daß Orpa und Ruth ihren Schmuck versetzten, um Geld aufzutreiben.

»Sie brachten alles dem Rechtsanwalt, der immer wieder versprach, daß er eine Besuchserlaubnis bekommen könne, wenn er die Beamten bestach. Die Termine, die er vereinbarte, konnten von Ruth und Orpa nie wahrgenommen werden.«

Ruth kümmerte sich nun um Naemis Pflege. Bald setzte eine Besserung ein, so daß Naemi täglich für kurze Zeit das Bett verlassen konnte. Naemi fühlte, daß Orpa sich verändert hatte. Sie war nicht mehr der aufgeschlossene, fröhliche Mensch, den sie kannte. Das Leid hatte sie bitter werden lassen. Naemi merkte es an ihren Reden und an ihrem Verhalten.

Naemi nahm in den folgenden Wochen immer mehr Anteil am alltäglichen Geschehen. So fragte sie auch nach dem, was während ihrer Abwesenheit geschehen war, und Leila setzte sie über alles in Kenntnis.

Naemis Sorge galt Achmeds Familie, aber von dieser Seite wurden sie nicht bedrängt.

»Dort scheint die Nachfolge noch nicht geklärt zu sein«, meinte Leila. »Allerlei Gerüchte über die Brüder von Achmed sind im Umlauf. Sie müssen sich mit ihren eigenen familiären Schwierigkeiten auseinandersetzen.«

Jordaniens Politik wurde auch in den Suks verhandelt, und so wußte Leila sehr viel.

Orpa ging selten allein in die Stadt, meist nur mit Leila oder in Begleitung von Ruth. Sie hatte Angst, daß man erneut mit ihr Verbindung suchte, gerade weil jetzt Fahads Prozeß anstand und mit ihm noch vier hochangesehene Männer der PLO auf der Anklagebank saßen, die an Waffengeschäften beteiligt waren.

Naemi erfuhr von Orpa, daß Kilion sehr weitreichende Verbindungen geknüpft hatte, die bis nach Kairo gegangen waren.

Orpa hätte gerne wieder im Kindergarten gearbeitet, aber man lehnte es ab. Viele Eltern waren sehr konservativ eingestellt, und die Affäre um Kilion und Fahad hatte weite Kreise gezogen. Mit Palästinensern wollten viele nichts zu tun haben.

Ruth wurde von Orpa ins Vertrauen gezogen, als sie plötzlich von ihrer Familie mehrere Botschaften zugestellt bekam, in denen sie aufgefordert wurde heimzukommen.

»Begleitest du mich zum Gericht? In der Nähe ist ein Bistro. Dort werde ich mich mit meinem ältesten Bruder treffen. Er wollte mit Fahads Verteidiger reden.«

Ruth begleitete Orpa. Sie spürte, wie nervös Orpa auf alles reagierte. Sie wählten einen Tisch nahe am Fenster und bestellten einen Kaffee. An den runden Tischen war wenig Betrieb. Einige Männer lasen Zeitung, nebenan spielten Jugendliche Billard.

»Ich wollte nicht, daß mein Bruder mich in meiner Wohnung aufsucht. Vermutlich ist er nicht allein, sondern hat den Mann bei sich, den ich einmal heiraten sollte.«

Sie warteten lange, bis Orpas Bruder erschien. Er kam allein. Orpa atmete sichtlich erleichtert auf.

Ajub trug eine blendend weiße Kafiya aus Seide mit schwarzen Agal-Schnüren. Seine Abaya war weiß und grau gestreift und aus feinster Wolle. Sein Gesicht wirkte wie das eines Raubvogels. Seine dunklen Augen waren ständig unterwegs und schienen alles zu entdecken.

Er grüßte Ruth sehr höflich und setzte sich.

Das Gespräch kam nicht sofort in Gang. Orpa wirkte unsicher und gehemmt. Sie wußte nicht so recht, wie sie sich ihrem Bruder gegenüber verhalten sollte.

»Konntest du etwas erreichen? Durftest du Fahad sehen?« Orpa konnte diese Frage nicht mehr zurückdrängen. Sie war ihr wichtig. Alles andere interessierte sie nicht, waren leere Floskeln. Ajub redete von solch gleichgültigen Dingen, die sie nicht interessierten.

Wetter, Reisen, Geschäfte, die Familie – das ging am Wesentlichen vorbei.

»Man wird Fahad verurteilen. Er hat zugegeben, daß er Achmed, den Sohn von Scheich Abd el Hadi, erschossen hat. Man verweigerte mir ein Gespräch mit ihm. Nur mit seinem Verteidiger konnte ich reden.«

Der Kellner brachte Ajub Kaffee.

»Wird man Fahad töten?«

»Wir werden abwarten müssen. Fahad wird für die palästinensische Sache sterben. Die große Revolution wird weitergehen. Wir werden um ihn trauern, wie wir um Onkel Khalid getrauert haben und um Abou. Aber wir werden auch stolz sein«, sagte er pathetisch. »Am Ende wird uns die Freiheit und der Sieg über unsere Unterdrücker sicher sein.«

Orpa sagte nichts mehr. Auch Ruth schwieg zu allem, was Ajub über die PLO berichtete. In Algier trafen sich die arabischen Staatschefs, um in diesen letzten Novembertagen über eine neue Strategie nachzudenken. Darüber wurde in Rundfunk, Fernsehen und Zeitung berichtet. Der Jom Kippur-Krieg hatte nicht die gewünschten Vorteile gebracht. Ajub machte keinen Hehl daraus, daß er ein Anhänger von Dr. George Habbash war, der auf seine Weise Krieg führte und mit seinen Aktionen die Weltöffentlichkeit mit all den Attentaten in Atem hielt.

Ajub warf einen Blick auf seine goldene Uhr.

»Ich fahre heute noch zurück. Was soll ich Vater berichten?«

»Ich bleibe in Amman. Meine Schwägerin Ruth und ich haben beschlossen, bei unserer Schwiegermutter zu bleiben. Wir können uns selber versorgen.«

Ajubs Gesicht blieb unbeweglich.

»Eine Entscheidung, die Vater aber auch ich nicht akzeptieren kann. Du solltest wieder heiraten, wenn die Trauerzeit zu Ende ist.«

Er legte einige Münzen auf den Tisch.

»Wir werden uns bald wiedersehen.« Mit diesen Worten verabschiedete sich Ajub.

Orpa und Ruth kehrten zu Naemi zurück. Orpa wurde noch wortkarger. »Meine Familie wird mir keine Ruhe gönnen«, sagte sie traurig, und Naemi versuchte sie zu trösten.

»Noch ist die Trauerzeit nicht zu Ende. Es kann sich viel ereignen. Dein Bruder wird einsehen müssen, daß deine Interessen nicht die seinen sind.«

Wider Erwarten bekam Orpa die Einwilligung, ihren Bruder Fahad im Gefängnis zu besuchen. Sie ahnte, daß dies der letzte Wunsch war, den man Fahad großzügigerweise erfüllte, bevor man ihn exekutierte.

Orpa ging schon am frühen Morgen aus dem Haus, allein,

ohne Ruth und ohne Begleitung von Leila. Sie kehrte am späten Nachmittag zurück. Ruth hatte schon ungeduldig auf sie gewartet und ging ihr entgegen. Durchfroren und naß kauerte Orpa neben dem Ofen.

»Ich wartete in dem zugigen Flur über vier Stunden, bis ich gerufen wurde, und dann hatten wir zehn Minuten Zeit.«

Orpa schloß für einen Moment erschöpft die Augen. Sie zwang sich, nicht daran zu denken, daß man vielleicht jetzt Fahad zum Erschießen führte. Darum war es gut, daß Ruth und Naemi, Leila und Aisha im Zimmer waren und sie mit ihnen reden konnte.

»Eigentlich sprach in diesen wenigen Minuten nur Fahad. Ich konnte gar nicht viel sagen, gar nichts fragen. Fahad ignorierte seine beiden Bewacher. Er sprach von Kilion und darüber, daß er ihm nicht helfen konnte, daß alles fehlgeschlagen war.

Bevor sie ihn abführten, sagte er mir, daß er wenn möglich in der Nähe von Kilion begraben sein wolle. Diesen Wunsch werde ich meinem Bruder erfüllen. Es wird Geld kosten, aber ich werde es zusammenbekommen.«

Wortlos reichte Naemi Orpa den alten Beduinenschmuck, den Elimelech einst in Jerusalem für Naemi gekauft hatte.

»Ich brauche ihn nicht mehr. Verkaufe ihn. Das Geld wird reichen, um den Wunsch deines Bruders zu erfüllen.«

Orpa wollte den Schmuck nicht nehmen, aber Naemi bestand darauf.

Ein eisiger Nieselregen ging nieder, als Fahad in einem einfachen Holzsarg auf demselben Gräberfeld bestattet wurde, in dem auch Kilion seine letzte Ruhe gefunden hatte. Naemi hatte es sich nicht nehmen lassen, bei der Beerdigung dabei zu sein.

Es war das erste Mal, daß sie wieder das Haus verließ. Auf Ruth und Leila gestützt, suchte sie an diesem düsteren Nachmittag auch das Grab ihres Sohnes auf. Lange stand sie schweigend davor. Auch Machlons Grab besuchte sie. Von allen Hoffnungen und Erwartungen, Träumen und Sehnsüchten waren nur Gräber geblieben, stellte Naemi mit

Bitterkeit fest. Sie stützte sich schwer auf Leilas und Ruths Arm.

Schweigend traten sie den Heimweg an. Das Licht der Straßenlaternen spiegelte sich in den Pfützen der Straße. Naemi dachte an die Zukunft. Würde Amman für immer ihre Heimat bleiben? Ihre Existenz war nicht gesichert.

Patrouillierte in den Straßen Militär, konnte Naemi ihrer Angst kaum mehr Herr werden. Panik überfiel sie, und Ruth hatte Mühe, sie ruhig zu halten. Sie litt unter der Phobie, die Militärpolizei oder der jordanische Geheimdienst könnte sie erneut holen.

Für Naemi wurde der Wunsch immer drängender, die Stadt Amman sowie das Land Jordanien für immer zu verlassen. Sie sprach darüber mit Ruth, und als Orpa und Leila am Freitag aus der Moschee heimkehrten, eröffnete sie auch ihnen ihren Wunsch.

»Ich möchte nach Israel zurück. Ich will Jerusalem wiedersehen und all die Stätten aufsuchen, wo ich einst war. Viele meiner Freunde und Bekannten werden nicht mehr am Leben sein oder sie sind weggezogen. Trotzdem möchte ich heimkehren in das Land, das ich einst unter so großen Schwierigkeiten betreten habe, das mir zur Heimat geworden ist.«

Ruth war über diesen Wunsch nicht überrascht. Auch Orpa verstand ihn gut.

»Du willst nach Israel zurück? Du hast keinen Paß, du hast nichts, um dich als Jüdin auszuweisen.« Orpa hatte ihre Bedenken, aber Naemi zuckte nur die Schultern.

»Irgendwie werde ich es schaffen, in Israel wieder zu leben und dort auch zu sterben.« Der Schatten eines Lächelns flog über ihr verhärmtes Gesicht. Jetzt, wo sie den Wunsch ausgesprochen hatte, nahm er für sie schon Realität an.

»Wir Juden sind ein eigenartiges Volk«, sagte sie leise. »Nur die Religion bindet uns an diesen Boden, aber er ist uns heilig.«

Sie schaute Ruth und Orpa an. Die Skepsis auf ihren Gesichtern störte Naemi nicht. Sie schien sie überhaupt nicht zu beirren.

»Ihr seid noch jung. Das Leben ist für euch noch nicht zu Ende. Ich stehe bereits an der Schwelle, an der man dem Tod ins Auge blickt. Viel Kraft ist nicht mehr in meinem Körper. Versucht, euer Leben in die Hand zu nehmen. Orpa, für dich würde es Möglichkeiten geben in Damaskus oder in Irbid, vielleicht auch in Beirut, wo noch Leute von dir leben, wenn du nicht zu deiner Familie zurückwillst. Und du, Ruth, könntest deinen Wunsch wieder wahr machen und nach Europa zurückkehren.« Naemi hatte sich bereits alles zurechtgelegt und an alles gedacht.

Ruth schüttelte nur den Kopf.

»Nein, ich gehe nicht nach Paris. Ich werde dich nicht allein lassen, Naemi. Wir werden zusammenbleiben.«

Orpa fütterte Aisha weiter. Löffel für Löffel führte sie an den kleinen Mund, nahm aber trotzdem am Gespräch teil.

»Ich bleibe nicht hier, wenn ihr geht. Wir werden zusammen Amman verlassen. Es macht mir nichts aus, wenn wir vorerst in der West-Bank in einem Lager leben müssen. Es gibt überall die Möglichkeit, neu zu beginnen.«

Orpa trieb die Vorbereitungen am schnellsten voran. Mit Amman verbanden sie zu viele böse Erinnerungen. Auch hatte sich Ajub wieder bei ihr gemeldet und sie erneut aufgefordert, zu den Eltern zurückzukommen. Nun fürchtete sie, er könne sie und das Kind mit Gewalt holen.

Ruth versuchte, für Naemi Papiere zu bekommen. Doch das wurde ein überaus schwieriges Unternehmen. Mit Geld hätte sie einiges erreichen können. Falsche Pässe waren überall aufzutreiben. Aber es war nichts mehr an Vermögen da, und das wenige, was sie noch zur Verfügung hatten, mußte für die Reise ausgegeben werden.

Naemi hegte die Hoffnung, in Israel alle notwendigen Papiere zu bekommen. Wichtig war nur, daß sie israelischen Boden erreichten. Aber da hoffte sie auf Ruths Hilfe.

Anfang März fanden in der Stadt und in der Umgebung große Truppenparaden statt. Manöver wurden abgehalten. Viele Beduinen weilten in der Stadt. Die Scheichs trafen sich mit Regierungsvertretern, um neue Gesetze zu beraten.

Orpa ahnte, daß auch Ajub mit ihrem Vater in die Stadt

kommen würde. Auf keinen Fall wollte sie mit ihnen zusammentreffen.

So drängte Orpa auf einen schnellen Aufbruch.

»Ich könnte mit der Kleinen schon vorausgehen.«

Davon wollte Naemi nichts wissen.

»Wir gehen zusammen, Orpa. Leila bleibt hier. Sie will nicht mitkommen. Sie kann weiter in dem Haus bleiben. So fällt unser Weggehen weniger auf. Nutzen wir die Festlichkeiten in der Stadt. Deine Familie wird an allem teilnehmen, Orpa. Vielleicht beteiligt sich dein Bruder auch an den Kamelrennen, die der König veranstalten will. Wir haben dann einen gewissen Vorsprung, wenn deine Leute auf die Idee kommen sollten, uns zu suchen.«

»Wenn wir hinter der Grenze sind, können sie uns nichts mehr anhaben«, warf Ruth ein.

»Ajub interessieren Grenzen nicht, wenn er ein Ziel verfolgt. Darum ist es gut, Leila weiß nicht, wohin wir gehen.«

Von draußen drangen die Rufe der Zeitungsverkäufer herein. Aisha suchte Schutz bei Orpa, als Düsenjäger im Tiefflug über die Häuser der Stadt brausten. Die Schauübungen hatten demnach schon begonnen.

Schnell war alles gepackt und in Taschen und Koffer verstaut. Viel nahmen sie nicht mit. Leila würde zurückbleiben und vorerst alles verwalten.

Während in dem großen Stadion die Wüstenpolizei auf ihren Araberhengsten und danach auf Dromedaren ihr reiterliches Können dem johlenden Publikum demonstrierte, waren Naemi, Ruth und Orpa mit Aisha unterwegs zum Stadtteil Abdali.

Sie hatten keine Taxe auftreiben können und mußten den ganzen Weg mit dem schweren Gepäck zu Fuß machen. Leila half, und so schaffte es auch Naemi, den wartenden Bus noch rechtzeitig zu erreichen.

Ruth, die vorausgeeilt war, überredete den Fahrer, noch zu warten. Trotz der Festlichkeiten war der Bus mit Passagieren gut besetzt. Die meisten waren nur zu Besuch gewesen und wollten wieder nach Westjordanien zurückkehren. Ruth verstaute das Gepäck und ergatterte für Naemi und Orpa noch einen Sitzplatz. Sie selbst blieb stehen, eingekeilt zwischen Schachteln und Kisten.

Naemi winkte, bis sie Leila nicht mehr sehen konnte. Viele Straßen in der Stadt waren wegen der Parade gesperrt. Der Fahrer mußte den Bus durch schmale, enge Gassen steuern, bis sie zu den Außenbezirken der Stadt kamen.

Als sie die letzte Kreuzung passiert hatten und Amman langsam hinter ihnen verschwand, legte sich Orpas Nervosität. In allen Ortschaften und Siedlungen hielt der Fahrer. Immer noch stiegen Leute zu, die alle zur Grenze wollten.

Sie fuhren durch Na'ur. Ruths Gedanken wurden schwer. Sie war während der ganzen Zeit nie mehr in dem Ort gewesen, obwohl ihre Verwandten sie mehrmals wissen ließen, sie sollte zu Besuch kommen.

Naemi schien ähnlichen Gedanken nachzusinnen. Die Landschaft, die sie jetzt durchfuhren, barg viele Erinnerungen mit Elimelech, mit Kilion und Machlon. Hier hatten sie ihre Jugendzeit verbracht. Es war ihre Heimat gewesen, die sie jetzt verließ.

Im hellen Licht der Sonne trat die unbarmherzige Strenge der Berge deutlich hervor. Es gab nichts, was die strenge Monotonie aufbrach und mit Farben füllte. Der Bus schwankte, die Kurven waren eng. Noch immer sah man Reste des vergangenen Krieges. Ausgebrannte Fahrzeuge säumten da und dort die Straßenränder oder waren in die Schluchten hinabgestürzt.

Sie erreichten das Jordantal. Naemi erhaschte einen Blick auf ihre ehemaligen Felder. Das Haus konnte sie von der Straße aus nicht sehen. Die Orangenplantage existierte noch, wenn auch weniger gepflegt als früher. An dem Berghang, den Elimelech mit Oliven bepflanzt hatte, arbeiteten Männer, die vielleicht von der Familie Scheich Abd el Hadis angestellt worden waren, die das Land noch immer in ihrem Besitz hatte.

Erinnerungen tauchten auf; sie legten Wunden offen. Naemi kämpfte dagegen an. Sie war froh, als Aisha zu ihr auf den Schoß kletterte und sie ablenkte von ihrer Trauer und der Schwermut, die sich auf ihr Gemüt gelegt hatten.

Naemi wußte: Ein Lebensabschnitt war zu Ende gegangen, sie stand vor einem vollkommen neuen Anfang. Zu viel Kraft durften sie die Erinnerungen nicht mehr kosten, sonst konnte sie einen Neuanfang nicht wagen.

Der Fahrer drosselte die Geschwindigkeit. Vor ihm stauten sich die Fahrzeuge. Alle wollten zur Allenbybrücke.

Lastwagen standen am Straßenrand. Schwatzend standen die Fahrer beieinander. Andere hatten die Türen offen und dösten in der Sonne. Der Fahrer fand für den Bus noch einen schattigen Platz, öffnete die Tür und ließ die Leute aussteigen. Nun hieß es auch für sie warten – vielleicht Stunden, vielleicht die ganze Nacht. Schleppend wurden die Kontrollen durchgeführt. Es kam unter den Fahrgästen zum Disput. Einige hatten es eilig. Sie wollten so schnell wie möglich über die Grenze. Es wurde von Terminen in Jerusalem und Haifa gesprochen. Andere bangten um ihre Arbeitsplätze, die sie nicht rechtzeitig erreichen konnten.

Da sie mit dem Bus am Ende der wartenden Autoschlange standen, nutzte der Fahrer die Möglichkeit zu wenden. Er hoffte, daß die Adam-Brücke weiter oben ein Passieren schneller möglich machen würde.

Die Fahrgäste waren alle froh, als es endlich weiterging.

Aisha wurde unruhig. Orpa hatte für sie nichts mehr zu trinken.

Schon von weitem sahen sie: an der Brücke wurden Fahrzeuge abgefertigt, die dann die Brücke passieren konnten.

Der Fahrer stieg aus, um am Kontrollpunkt eine schnelle Abfertigung zu erreichen. Fliegende Händler tauchten auf, verkauften Zigaretten, Taschentücher, Bier in Dosen, Limonade und Coca Cola.

Aisha beruhigte sich, als Ruth etwas zu trinken und zu essen brachte.

Naemi nahm nichts zu sich. Sie stand nur da und schaute hinüber über den Fluß. Bald würde sie das Land betreten, von dem sie so oft geträumt hatte. Würde man sie ohne gültige Papiere einreisen lassen?

Nach einer halben Stunde kam der Fahrer zurück. Aufgeregt berichtete er den umstehenden Fahrgästen: »Vor der Allenbybrücke haben sie einen Wagen in die Luft gesprengt. Darum war die Grenze geschlossen. Jetzt führen die israelischen Behörden überall Razzien durch. Die Kontrollen sind streng. Jedes Paket, jede Tasche wird genauestens auf den Inhalt überprüft.«

Die Geduld aller wurde auf eine harte Probe gestellt.

Um die Mittagszeit wurde es heiß. Naemi setzte sich zu Aisha ins Gras und plauderte mit ihr, bis sie einschlief.

Ruth und Orpa verhandelten mit den Zollbeamten, danach überprüften Soldaten die Papiere. Nun war Naemi an der Reihe. Ruth winkte ihr, zu kommen.

Naemi spürte, wie ihr Herz dumpf gegen die Rippen schlug. Sie hatte Angst vor den Kontrollen, den Soldaten, vor den Fragen, die man stellen würde. Verhöre, die Folter – alles war wieder gegenwärtig. Ihre Hände begannen zu zittern. Ihr Atem ging stoßweise. Schmerzen stellten sich ein.

Aisha war wach geworden, bevor sie sie hochnehmen konnte. Das Kind wollte nicht mitgehen. »Komm, Aisha, deine Mutter hat gerufen. Die Soldaten warten.«

Naemi nahm die Kleine an die Hand. Sie sah gegenüber die Bunker, die Artilleriestellungen, die Panzersperren, den Stacheldraht, der zum schmutziggelben Wasser hinuntergelegt war. Die Strömung war stark. Hinter den Brückenpfeilern hatten sich Strudel gebildet. Irgendwo im Norden mußte es stark geregnet haben, sonst würde der Jordan nicht so viel Wasser führen, dachte sie.

»Du hast die Schreiben bei dir?« fragte Ruth. Ihre Stimme klang gepreßt. Angst und Aufregung nahmen ihr fast den Atem. Mehrere Leute wurden festgehalten. Deren Angaben stimmten nicht mit den Papieren überein. Die Soldaten zeigten wenig Verständnis. Spannung lag in der Luft. Jeden Moment konnten Wut und Zorn eskalieren.

Naemi nahm alles, was sie hatte, aus der Tasche und reichte es dem flachsblonden, schlaksigen Soldaten. Genau wurden Stempel und Unterschrift kontrolliert. Ein Sergeant ließ sich von Orpa Taschen und Koffer öffnen.

Der junge Soldat sah Naemi an, schwieg und ging zu dem Leutnant, der noch im Wagen saß und dort mit einem Funkgerät hantierte.

Naemi sah, wie sie verhandelten. Der Leutnant kam nun selbst zu ihr herüber. Er reichte Orpa und Ruth die Pässe. Naemi aber schob er zur Seite.

»Sie darf nicht über die Brücke. Wir müssen alles noch einmal überprüfen. Sie kann warten oder soll morgen wiederkommen.«

Naemi sagte nichts. Sie war nur noch bleicher geworden als zuvor. Schwindel erfaßte sie. Sie mußte sich stützen.

Orpa hielt sie fest, während Ruth erneut zu verhandeln suchte.

»Nein, es gibt keine Ausnahmen.« Er lehnte weiteres Diskutieren schroff ab.

Plötzlich gab es bei dem Kombiwagen, der schräg gegenüber vor einem Lastwagen stand, Tumult. Der Fahrer weigerte sich, die Hintertür zu öffnen. Die beiden kontrollierenden Soldaten stießen mit dem Gewehr gegen das Schloß und wollten es aufbrechen. In diesem Moment zog der Fahrer eine Pistole und feuerte mehrere Schüsse ab.

Die Männer und Frauen, die um das Fahrzeug standen, flohen, suchten Deckung hinter anderen Autos. Aisha, die sah, wie eines der älteren Mädchen eine Puppe fallen ließ, riß sich von Naemis Hand los und sprang mitten hinein in den Kugelhagel der zurückschießenden Soldaten.

Vor Entsetzen schrie Orpa auf. Doch das Unglück war bereits geschehen. Aisha war direkt in die Schußlinie des Leutnants geraten und lag nun tödlich getroffen im Sand. Die Puppe hatte sie nicht mehr erreicht.

Laut klagend warf sich Orpa auf ihr totes Kind. Ruth kniete an ihrer Seite. Hilflos in ihrem Schmerz war auch Naemi. Ihr Enkelkind, Kilions einzige Tochter, war tot.

Sanitäter wurden gerufen. Soldaten umringten Orpa und Ruth.

Naemi stöhnte laut auf. »Gott, ist es immer noch nicht genug?« Sie klagte laut und schlug die Hände vor das Gesicht, weinte, schluchzte und war nicht zu beruhigen.

Soldaten nahmen das Kind hoch und legten es auf eine Pritsche des Funkwagens. Ruth hielt Orpa fest. Orpa war wie von Sinnen. Sie wollte nur Aisha in ihren Armen halten und sie schützen. Sie begriff nicht, daß die Kleine nicht mehr am Leben war.

Der Leutnant sorgte für Ordnung auf dem Platz. Auf seinen Befehl hin wurden Orpa, Ruth, Naemi und das tote Kind zu einem Auto gebracht und in das Flüchtlingslager Aqabat-Jabr bei Jericho gefahren. Bei dem Militärgouverneur fanden neue Vernehmungen statt, und Protokolle wurden verfertigt.

Der Gouverneur gab Anweisung, den Frauen Wohnraum zur Verfügung zu stellen. Aisha wurde auf dem Friedhof beigesetzt, nachdem vorher eine Obduktion vorgenommen worden war.

7.

Der Sommer brachte in diesem Jahr sengende Hitze. Das Thermometer kletterte oft bis zur 45 Grad-Grenze. Alle Aktivität erstarb, erstarrte in Lethargie und Ohnmacht. Selbst die Kinder tobten nicht mehr und schrien weniger. Während der Mittagszeit lag eine tödliche Ruhe über dem Lager Aqabat-Jabr. Woche um Woche war vergangen, und nichts tat sich bei der Verwaltung, sooft Ruth auch nachfragte. Sie mußten im Lager bleiben. Ruth war die einzige, die dafür sorgte, daß sie das Nötigste zum Leben bekamen, und die sich auch um das Wasser kümmerte, das man im Lager verteilte.

Naemi lag fiebernd auf der Pritsche in dem winzigen Raum, den man ihnen zugewiesen hatte. Das Dach war so schadhaft, daß man des Nachts die Sterne durchscheinen sah. Ruth mochte nicht daran denken, wie es aussehen würde, wenn es zu regnen begann. Doch es war mühsam, sich jetzt schon darüber Gedanken zu machen, wo jeder Tag seine eigene Plage hatte und man oft nicht wußte, wie man die Situation bewältigen sollte.

Orpa machte ihr Sorgen. Sie hockte meist auf ihrem Bett und starrte stumpfsinnig vor sich hin. Sie war zu nichts zu bewegen noch zu begeistern. Die Puppe, nach der Aisha greifen wollte, lag auf der Kiste neben dem Bett. Man durfte sie nicht berühren und auch mit keinem Wort Aisha erwähnen.

Einmal war es Ruth gelungen, einen Arzt zu konsultieren. Er machte im Lager gerade seine Inspektion. Der Mann war jedoch so überlastet, daß er sich nur einige Minuten Zeit für Orpa und Naemi nehmen konnte. Er reichte Ruth eine Packung Beruhigungstabletten und ein Schmerzmittel für Naemi, dann hastete er weiter zu den nächsten Patienten.

Ruth war öfters am Verzweifeln. Im Lager gab es niemanden, mit dem sie reden und ihre Probleme austauschen konnte.

Manchmal ging sie einfach weg und suchte die Stille des Friedhofs auf. Er lag etwas abseits zwischen Geröll und Sand. Wo sie hinkamen, gab es Gräber, immer wieder Gräber. Ruth flüchtete sich oft in die Vergangenheit, in die Zeit, in der sie mit Machlon glücklich gewesen war. Lachen und Frohsinn waren ihr so fremd geworden. Die Hoffnungslosigkeit, die sie gerade hier umgab, würde auch sie töten und davor hatte sie Angst.

Alle Eingaben, die sie für Naemi schon bei der Verwaltung gemacht hatte, wurden abschlägig behandelt. Wie gerne wäre sie nach Nablus gegangen. Die Stadt war ihr vertraut seit ihrer Kinder- und Jugendzeit. Sie hätte das Lager verlassen können, teilte man ihr mit. Vielleicht wäre das auch bei Orpa möglich gewesen. Nur Naemi konnte Aqabat-Jabr nicht verlassen. Einmal wollte man Naemi ausweisen, doch man ließ es dann wieder, weil man sah, wie krank sie war. Naemi hätte zu einer gründlichen Untersuchung in ein Spital gehen müssen. Aber dazu fehlte Geld. Auch Orpa hätte einer Behandlung bedurft, um aus ihren schweren Depressionen herauszufinden. Und sie hätte sich um Arbeit bemühen müssen. Aber Ruth konnte die beiden Frauen nicht ihrem Schicksal überlassen. Ein Kreislauf, dem sie nicht entfliehen konnte, so oft sie darüber auch nachdachte.

Wie jeden Morgen stand Ruth sehr früh auf, versorgte Orpa und Naemi und ging dann zum Büro der UNWRA. Sie mußte fast durch das ganze Lager laufen. Sie kannte inzwischen die engen Gassen, all die Häuser, die zum Teil sehr schlecht gemauert und mit Wellblech überdeckt waren. Oft waren sie erweitert, aufgestockt und vergrößert worden, um den großen Familien Platz zu bieten. Wie immer hing der Gestank von brennendem Müll in der Luft.

Mit wenig Hoffnung, heute etwas Positives zu erfahren, reihte sie sich in die Schlange der Wartenden ein.

Sie beobachtete, wie die herumstehenden Soldaten von anderen abgelöst wurden und sah die vielen Jugendlichen, die an der Mauer standen und aus verschlossenen, finsteren Gesichtern beobachteten, was sich abspielte. Ruth wußte, daß ein falsch verstandenes Wort, eine Parole Unmut und Haß zur Eskalation der Gewalt trieb.

Es verging keine Woche, in der nicht irgend etwas passierte, in der es nicht Opfer, ja sogar Tote gab, sei es durch einen Unfall, durch einen Streit oder durch das Eingreifen der israelischen Ordnungskräfte.

In dem Büro war es ein wenig kühler als draußen, wo die Sonne unbarmherzig vom Himmel brannte. Surrend lief der Ventilator. Die Fenster waren blind von Staub und Sand.

Der Mann, der an diesem Vormittag hinter dem Schreibtisch saß, war Ruth unbekannt. Er mußte neu gekommen sein für den ständig hustenden schmalbrüstigen Ägypter, der bisher hier Dienst getan hatte.

Wortlos kontrollierte er die Karteikarten, prüfte die Ausweispapiere und telefonierte. Schweißperlen standen auf seiner Stirn und rannen langsam über seine Schläfen in den dichten Bart.

Er schob Ruth einige Schreiben zu.

»Lies alles genau durch und fülle die Fragen aus. Ihr werdet in das Flüchtlingslager Deischeh bei Bethlehem kommen.«

Ruth nahm die Papiere an sich.

»Warum müssen wir hier weg? Es hieß, daß wir hierbleiben können, bis die gestellten Anträge bearbeitet sind.«

Es gab nur ein kurzes Schulterzucken, und der dicke Mann winkte schon den nächsten heran. Auf lange Fragen und Diskussionen ließ er sich nicht ein. Die waren mühsam und brachten nichts. Und mit Frauen zu verhandeln, das haßte er sowieso. Das stellte Ruth bald fest; denn sie war nicht die einzige, die auf diese Weise behandelt wurde.

Sie füllte die Anträge aus, unterschrieb, ließ auch Orpa und Naemi unterschreiben und ging erneut in das Büro, um alles wieder abzugeben. Danach bekam sie ihre Lebensmittelkarten.

Sie erstand etwas Gemüse, Käse und Brot und richtete das bescheidene Essen für den Abend. Nebenan brüllte lautstark ein Radio, arabische Musik, Parolen, und wieder Musik. Ruth hörte schon gar nicht mehr hin. Es waren immer dieselben Worte, die auf die Menschen eindrangen und den Haß anstachelten, vor allem unter den Jungen, die nicht wußten, was sie mit ihrer Langeweile und der Zeit anfangen sollten. Denn wo gab es hier im Lager schon Abwechslung und Arbeit?

Nicht alle fuhren morgens mit dem Bus weg und arbeiteten irgendwo in einem israelischen Betrieb, in einer Gärtnerei oder Fabrik.

Ruth verteilte die dampfende Suppe und reichte einen Teller davon Naemi und einen Orpa. Sie war schon froh, daß die beiden das, was sie ihnen hinstellte, auch aßen und nicht wie am Anfang das Essen verweigerten.

»Wir müssen das Lager verlassen. Man wird uns in das Flüchtlingslager Deischeh bringen.«

Naemi sagte nichts, nur Orpa hielt im Essen inne.

Sie schien lange zu überlegen.

»Aber mein Kind ist hier begraben«, sagte sie nach einer Weile, als sei das der Grund, daß sie hier nicht fort konnte.

»Wir werden noch in dieser Woche gehen müssen.«

Orpa aß nicht weiter. Sie stand plötzlich auf und ging hinaus. Ruth wollte ihr nachgehen, aber Naemi hielt sie zurück.

»Orpa kommt wieder. Sie muß sich mit der neuen Situation vertraut machen. Sie wird zum Grab des Kindes gehen.

Es sind immer Gräber, von denen wir Abschied nehmen müssen. Überall bleibt etwas zurück.«

Ruth und Naemi warteten schweigend, bis Orpa gegen Abend wieder zurückkehrte und sich müde auf ihr Bett setzte.

»Du solltest deine Sachen zusammenpacken«, mahnte Naemi. »Du weißt, daß es sehr schnell gehen kann. Es bleibt nicht viel Zeit, wenn sie kommen, uns zu holen.«

Ruth wunderte sich, daß Naemi sich nicht beschwerte oder schimpfte, daß von den israelischen Behörden für sie noch immer nichts gekommen war, der ihren Status als Flüchtling aufhob.

Naemi blickte auf die flackernde Kerze, die auf dem Tisch stand und am Verlöschen war.

»Ich bin im Land Israel, und dafür bin ich Gott, meinem Herrn, dankbar, auch wenn die Mühsal noch nicht zu Ende ist und wir noch manche Irrwege geführt werden.«

Naemi sah auf Ruth, die an der Tür stand. Sie konnte ihr Gesicht nicht sehen, da ihre Augen vom Kerzenlicht geblendet waren.

»Schon manches Mal habe ich an Hiob gedacht, der großes Leid erfahren hat. Seine Verzweiflung war groß, aber Gott hat ihn nicht aus den Augen verloren.« Sie verstummte.

Sie kannte die Seelenqualen, die in den Worten enthalten waren: »Schrecken starrt mich von allen Seiten an. Wie ein Sturm geht es über meine Ehre her. Wie eine Wolke trieb er mein Glück davon. Meine Seele zerfällt in mir. Tage des Elends haben mich erfaßt. Des Nachts bohrt es in meinen Knochen, und die Schmerzen, die in mir nagen, schlafen nicht. Ich schreie zu dir, aber du antwortest mir nicht.« Naemi kannte die Verse aus dem Buch Hiob.

Ihre Sorge galt Ruth und Orpa. Sollten auch sie ihr Leben in dieser Armut und Öde verbringen? Vielleicht ergab es sich in dem anderen Lager, daß die beiden gehen und in einer der Städte Arbeit finden konnten. Das war in der letzten Zeit immer wieder ein Hauptanliegen der Gebete Naemis.

Außer ihnen kamen noch zwei andere Familien in das Lager Deischeh. Von Jericho fuhr der Kleinbus mit ihnen über Jerusalem nach Bethlehem. Naemi blickte über das Land, sah die Felder, die Dörfer, die neuen Siedlungen um Jerusalem. Vieles hatte sich verändert seit jener Zeit, als sie dieselbe Strecke an der Seite Elimelechs fuhr. Sie dachte an Olga, die nicht mehr lebte.

In den vielen Jahren in Jordanien hatte sie sich gewünscht, einmal wieder hierher nach Israel zu reisen. Nun war sie hier und doch nicht frei wie all die anderen Menschen, die sie auf den Straßen sah. Hatte sie als Ironie des Schicksals den Stempel eines Flüchtlings zu tragen? Sie wußte es nicht und klagte nicht darüber.

Stacheldraht, Militärwagen, eng verschachtelt dastehende Häuser, dazwischen eingezwängt einige Läden, Werkstätten, in denen alte Autos repariert wurden. Kinder lärmten, Frauen hingen Wäsche an langen Leinen auf. Grellbunte Werbeplakate hingen an den Betonwänden, die mit arabischen Hetzparolen beschmiert waren.

Das Auto hielt an, und sie stiegen aus. Wieder hieß es warten, bis sie ordnungsgemäß registriert und als neue Lagerinsassen aufgenommen worden waren.

Eine junge Frau kam aus dem Büro. Sie hatte eine Liste mit Namen. Einige, die warteten, hatten Familien im Lager und hofften, dort jeweils Unterkunft zu bekommen. Einige hatten Glück, andere mußten mit dem zufrieden sein, was die Frau ihnen zuteilen konnte.

Naemi wurde aufgerufen, danach Ruth und Orpa. Die Frau kam zu ihnen herüber. Sie stutzte, als sie Orpa sah, und begann nochmals die Namen zu studieren.

»Ihr kommt aus Amman?« fragte sie. Ruth nickte stumm. Die Frau buchstabierte Orpas Namen.

»Warst du einmal in Damaskus? Eine Orpa Akbat hat mit mir studiert. Bist du das vielleicht?«

Orpa, die zuerst gar nicht zugehört hatte, wurde plötzlich aufmerksam. Sie hörte nur das Wort Damaskus und ihren alten Namen Akbat.

Erst jetzt sah sie die Frau genauer an und erkannte sie: Es war Hadidscha Balata, mit der sie in Damaskus zusammen gewohnt hatte.

Die beiden Frauen fielen sich um den Hals. Ruth und Naemi sahen, wie sich Orpa plötzlich zu verwandeln schien, so als würde das Leben zu ihr zurückkehren.

Die junge Frau, die das dichte schwarze Haar zu einem Knoten im Nacken geschlungen hatte, schien überglücklich, Orpa getroffen zu haben. Wie ein Wasserfall redete sie auf sie ein, als hätte sie ihr in kürzester Zeit alles zu erzählen, was sie in den letzten Jahren erlebt hatte.

Erschrocken hielt sie plötzlich inne. Viel zu lange hatte sie sich hier draußen aufgehalten. Gleich würde man wieder nach ihr rufen.

»Ich habe noch einen größeren Raum frei in der Baracke am Kanal. Ich werde euch alles besorgen, was ihr benötigt«, sagte sie hastig. »Kommt schnell, wir treffen uns später.«

In einem altersschwachen VW-Bus brachte sie Orpa, Naemi und Ruth an den Platz, wo die Baracke stand.

Sie erzählte, daß das Lager hoffnungslos überfüllt sei. Neue Häuser sollten gebaut werden, aber dazu fehlten noch die Genehmigungen. Auch eine neue Wasserleitung sollte gebaut werden.

In der Baracke wohnten mehrere Familien eng beieinander.

»Ihr habt Glück. Die Familie, die hier lebte, konnte ein Haus beziehen, nachdem der Sohn in der Universität von Bethlehem eine Anstellung gefunden hatte und nun für die Miete aufkommen kann.

Viele Neuangekommene muß ich bei anderen Familien unterbringen, und so gibt es immer wieder neue Probleme.«

Hadidscha fuhr wieder davon, um sich noch um die restlichen Familien zu kümmern. Ruth, Naemi und Orpa bezogen ihre einfache Behausung. Noch fehlten die Möbel. Aber Hadidscha hatte versprochen, sich darum zu kümmern, und sie hielt Wort.

Kurz bevor die Sonne unterging, kehrte sie mit ihrem Bus zurück. Sie hatte einen Tisch, ein Regal, einige Hocker, eine Lampe und in einer Kiste einen Kocher und Töpfe sowie Teller und Tassen bei sich. Sie grinste, als sie mit Ruth und Orpa die Sachen auslud.

»Na Orpa, war ich nicht schon immer gut im Organisieren?«

Ruth kochte auf dem Kocher Tee, und dann saßen sie alle um den Tisch. Orpas Augen hingen gebannt am Gesicht von Hadidscha, die erzählte und dabei immer wieder Orpa miteinbezog.

»Ich brauche deine Hilfe. Ich bin bei der UNWRA angestellt und betreue die Lager. Ich vertrete hier nur eine erkrankte Kollegin. Sonst bin ich für die Kindergärten und Schulen zuständig. Es gibt so unendlich viel zu tun.«

Sie sprach von all den Nöten und Mißständen.

»An Arbeit mangelt es nicht. Wir brauchen Leute wie dich, Orpa, auf die man sich verlassen kann, die auch improvisieren können, und da warst du ein Aß in Damaskus.«

Sie lebten sich bald ein. Naemi und Ruth waren glücklich, daß Orpa auflebte. Hadidscha ließ ihr keine Zeit zum Grübeln. Sie kam morgens um acht Uhr und holte sie ab. Erst am Abend brachte sie sie wieder zurück.

Orpa tat die Arbeit gut. Sie lernte die Leute kennen, die für das Lager verantwortlich waren.

Hadidscha war noch zwei Wochen im Lager, dann wurde sie wieder nach Gaza abberufen. Sie hatte dafür gesorgt, daß Orpa im Kindergarten arbeiten konnte. Ruth hätte in Bethlehem in einem Büro eine Halbtagsarbeit bekommen können. Doch da wurde Naemi wieder krank, und so konnte sie die Arbeit nicht annehmen.

Es regnete und wurde eisig kalt. Sie hatten zwar einen kleinen elektrischen Heizofen, aber da der Strom öfter abgeschaltet wurde, war es in dem Raum meist kalt.

Orpa besorgte Decken und auch einen Arzt für Naemi. Als der Husten immer quälender wurde, kam sie in das Krankenhaus. Doch nur einige Tage, dann schickte man sie wieder zurück ins Lager. Die Lungenentzündung hatte man mit Antibiotika behandeln können. Nun brauchte man die Betten für schwerere Fälle.

Orpa trieb immer wieder frisches Obst auf, das sie Naemi brachte. Die Arbeit mit den vielen Kindern machte ihr Spaß. Ruth und Naemi vermieden es, von Aisha zu reden. Sie merkten, daß Orpa alles, was sie mit ihrer Tochter und der Zeit mit Kilion verband, verdrängt hatte.

Jetzt erzählte sie nur von den Kindern, für die sie verantwortlich war, und von der Zeit, die sie mit Hadidscha in Damaskus verbracht hatte.

Hadidscha sorgte sich um Orpa. Sie rief immer wieder an, ließ Grüße bestellen und kam auch, wenn sie es ermöglichen konnte, zu Besuch ins Lager. Zum Frühjahr hatte sie erreicht, daß Orpa zu ihr nach Gaza kommen konnte.

Orpa zögerte noch, ob sie gehen sollte, aber Naemi redete ihr zu: »Nutze die Gelegenheit, mein Kind. Das Lager ist nichts für dich. Da bist du eingesperrt wie ein Tier im Käfig. Der Mensch braucht Freiheit, um sich entfalten zu können.«

Orpa warf einen Blick auf Ruth, die das Geschirr spülte und aufräumte.

»Und was ist deine Meinung?«

Ruth spürte hinter der Frage auch die Angst vor der Zukunft. Sie waren lange einen gemeinsamen Weg gegangen. Doch in der letzten Zeit, in der Orpa durch ihre Arbeit mit vielen Menschen zusammen kam, entwickelte sie auch eine andere Meinung. Oft stimmte sie in den Slogan der Leute mit ein und vertrat die harten Standpunkte der PLO. Manchmal hörte man durch sie Fahad reden.

Ruth trocknete ihre Hände an dem Tuch ab. »Warum solltest du hier in dem Kindergarten bleiben. Hadidscha hat dir eine Chance geboten, nutze sie, Orpa. Du kannst uns ja jederzeit besuchen kommen.«

»Ich werde kommen, immer wenn ich meine freien Tage habe. Vielleicht bekomme ich die Stelle als Lehrerin in der großen Mädchenschule. Es war einmal mein Wunsch, den Beruf als Lehrerin auszuüben. Nur war dies eben nicht möglich.«

Sie sprach nicht weiter und wandte sich ab. Sie dachte an Kilion. Mit einer harten Handbewegung fuhr sie sich über die Augen. Sie wollte nicht weinen. Vergangenes sollte ruhen. Sie hatte jetzt der Gegenwart die Stirn zu bieten. Daran hielt sich Orpa und an die Worte ihrer Freundin Hadidscha, von der sie wußte, daß auch sie ihren Freund im

Jom-Kippur-Krieg unten im Sinai verloren hatte. Sie arbeitete trotz Leid und Schmerz weiter.

Naemi und Ruth begleiteten Orpa am nächsten Tag bis zum Haupttor des Lagers. Ein letztes Umarmen, dann stieg Orpa in das wartende Taxi, das sie zur Bushaltestelle nach Bethlehem bringen sollte.

Die ersten Tage ohne Orpa waren nicht ganz einfach. Sie fehlte einfach. Am Abend saß sie nicht mit am Tisch. Ihr Bett neben dem Fenster stand leer. Da es Naemi in den kommenden Wochen immer besser ging, sprach Ruth wieder davon, sich um eine Arbeit zu kümmern.

»Wirst du den Tag über allein bleiben können?«

Naemi bestärkte Ruth in ihrem Vorhaben.

»Es geht. Ich werde ja nicht ganz allein sein. Überall kenne ich jetzt die Frauen. Sieh zu, daß du in Bethlehem eine Stelle bekommst.«

Eine Büroarbeit bekam Ruth nicht und so stellte sie sich wie die vielen anderen Frauen auf den Platz, zu dem immer wieder Agenten kamen, die Helfer für Erntearbeiten brauchten.

Ruth half vier Wochen lang, Tomaten und Gurken zu ernten. Für das verdiente Geld kaufte sie Naemi und sich selbst etwas zum Anziehen. Die Kleider, die sie aus Amman mitgebracht hatten, waren so abgetragen, daß sie sich darin kaum noch sehen konnten.

Ruth hoffte immer noch, daß sie irgendwann eine bessere Wohnmöglichkeit für sich und Naemi finden konnte, bis eines Tages das Wunder geschah und sie das Lager verlassen würden. Immer noch lagen die Anträge Naemis auf irgendwelchen Behörden – wo, das hatte Ruth nie herausbekommen. Orpa und ihre Freundin Hadidscha wollte sie damit nicht belästigen.

Orpa kam zweimal zu ihnen. Sie hatte die Stelle als Lehrerin bekommen und erzählte begeistert von dem, was sie erlebte.

»Ihr solltet mit mir nach Gaza kommen. Ruth, du mit deinen Sprachkenntnissen hättest bald eine Arbeit.«

Doch Ruth und Naemi blieben weiter in Deischeh.

In der Baracke zogen Leute ein und bald wieder aus. Sie waren bis jetzt diejenigen, die es in dieser armseligen Behausung am längsten aushielten, weil sie eine andere Wohnung nicht bezahlen konnten.

Neben ihnen war seit zwei Tagen eine hochschwangere Frau mit ihren vier Kindern eingezogen. Sie hatten bei sich nur zwei Koffer, sonst nichts. Die Kinder waren erkältet und weinten oft.

Naemi sorgte sich um die kleinen Mädchen und sprach darüber mit Ruth. »Die Frau ist so allein. Ich höre sie oft weinen. Zweimal schon war die Militärpolizei bei ihr.«

Ruth nahm von den mitgebrachten Orangen, ging über den schmalen Flur und klopfte. Da sie keine Antwort bekam, die kleinen Kinder aber weinen hörte, öffnete sie die Tür und sah die Frau auf dem Bett liegen.

»Du bist krank?« fragte sie nur.

Die Frau schluchzte auf, antworten konnte sie nicht. Die beiden vierjährigen Mädchen hatten sich unter der Bank verkrochen, und der sechsjährige Junge kauerte am Kopfende seiner Mutter.

In dem Raum herrschte ein unbeschreibliches Durcheinander. Die Frau mußte schon seit zwei Tagen im Bett gelegen haben. Die Kinder waren nur dürftig von dem ältesten Sohn versorgt worden.

Ruth hatte Mühe, die Frau zum Sprechen zu bringen.

»Du brauchst keine Angst zu haben. Wir wohnen nebenan. Ich habe dich und die Kinder weinen gehört.«

Die Frau richtete sich ein wenig auf und erklärte müde: »Unser Haus wurde zerstört. Meinen Mann haben sie verhaftet.«

Die Frau vergrub ihr Gesicht in ihrem Kopftuch und weinte erneut. Ruth kauerte neben ihrem Bett. Die Hilflosigkeit der hochschwangeren Frau machte das Elend nur noch größer.

Sie sah, wie die Kinder sie mit feuchten, großen Augen anstarrten.

»Kommt mit, ich mache euch etwas zu essen«, entschloß sie sich rasch, faßte nach den Händchen der Mädchen und nahm auch die Hand des älteren Jungen und brachte sie alle drei hinüber zu Naemi.

»Unsere kleinen Gäste sind wie ausgehungerte Raben.«

Naemi stand auf, wärmte die übriggebliebene Suppe und gab sie den Kindern. Ruth rührte Trockenmilch an und machte Kakao. Dann ging sie mit einem Becher voll hinüber zu der Frau und überredete sie, davon zu trinken. Auch Brot hatte sie ihr gebracht.

Die Frau griff hastig nach dem Fladen. Sie schämte sich, daß sie so gierig aß und trank.

»Danke!« Ihr Blick glitt über Ruth, noch immer mißtrauisch und lauernd. Sie wollte herausfinden, warum sie so große Barmherzigkeit erfuhr.

»Nun, was ist geschehen?« fragte Ruth noch einmal.

Die Frau seufzte, brach aber nicht noch einmal in Tränen aus. Ihr Vertrauen wuchs. Sie hatte Ruth als eine der ihren erkannt.

»Ich bin Nessiba Mokafa«, stellte sie sich zuerst einmal vor. »Wir wohnten in der kleinen Stadt Qabatiya, vielleicht kennst du sie.«

Ruth nickte. »Qabatiya liegt nördlich von Nablus. In Nablus habe ich meine Kindheit verbracht.«

Als die Frau hörte, daß Ruth ganz in der Nähe gewohnt hatte, war der Bann gebrochen. Ein Gefühl von heimatlicher Zugehörigkeit ließ sie weiterreden.

»Mein Mann war Maschinenbauer, ein guter Arbeiter. Aber er gehörte der Gewerkschaft an und war Mitglied bei der Volksfront zur Befreiung Palästinas. Ja, er war ein Hitzkopf und konnte seinen Mund nicht halten. Sie haben ihn in Haft genommen, weil er Anführer der Demonstration war und mit zum Generalstreik aufgerufen hatte.

In der vergangenen Woche haben sie unser Haus gesprengt, wie sie es immer tun.«

Sie stöhnte auf und bedeckte ihre Augen mit der Hand. Dann fuhr sie fort zu erzählen: »Es war zwei Uhr mittags, als die Jeeps und die Schützenpanzerwagen anrollten. Die Soldaten sprangen ab und vertrieben mit ihren entsicherten Maschinenpistolen die Leute. Einer von ihnen kam zu mir ins Haus und forderte mich auf, das Haus mit meinen Kindern binnen zehn Minuten zu räumen.«

Sie schluchzte erneut auf.

»Das Haus stammte von Ibrahims Vater. Er hatte es erbaut und uns gegeben. Wir wurden noch einmal aufgefordert, uns zu beeilen, und ich stopfte nur einige Kleider in Tüten und Taschen, suchte die Zwillinge Rabia und Nefissa und rief die beiden Söhne, die vorm Fernseher saßen. Muhamed, mein ältester Sohn, er ist 15 Jahre alt, wollte nicht hinausgehen. Aber wie konnte er das Haus beschützen! Der Soldat holte ihn mit Gewalt heraus und hielt ihn fest.

Die Soldaten stiegen aus dem Jeep und legten die Sprengladungen. Dann verlas einer von ihnen den schriftlichen Befehl zur Sprengung des Hauses, der vom Militärgouverneur und dem Distriktsrichter des Militärgerichts unterschrieben war. Danach rief er, der Befehl solle ausgeführt werden.

So wurde das Haus vor unseren Augen gesprengt. Mein Mann war im Gefängnis von Nablus, und wir kamen zuerst in ein Lager mit Namen Balata und dann hierher. Man hat auch mich schon mehrmals verhört. Aber was kann ich sagen? Ich weiß nicht, mit wem mein Mann zusammen war. Ich kannte seine Freunde nicht.«

Erschöpft schwieg die Frau. In ihren Augen stand nur Hoffnungslosigkeit und Angst vor der Zukunft.

Ruth hielt ihre Hände.

»Du mußt jetzt vor allem an die Kinder denken und daran, daß dir nichts geschieht, damit das Kind gesund auf die Welt kommt. Naemi und ich werden dir helfen. Du mußt nur rufen, wenn du Hilfe brauchst, oder deinen ältesten Sohn schicken.«

»Muhamed ist weg, um die Lebensmittelkarten zu holen. Wir brauchen doch zu essen.«

Für Ruth und Naemi gab es jetzt zusätzlich viel Arbeit, denn die Kinder mußten jeden Tag versorgt werden. Muhamed, ein schlaksiger, magerer Junge half ihnen nicht viel. Er war mißtrauisch, verschüchtert und wie seine Mutter voller Angst.

Ruth bekam keinen rechten Kontakt zu ihm. Er wich ihr auch aus, wenn sie kam und seiner Mutter zu essen brachte.

Naemi kümmerte sich um die Mädchen. Sie ließ sie auf dem Bett, das einst Orpa gehörte, schlafen. Es war, als hätte sie in ihnen Ersatz für ihre verstorbene Enkeltochter bekommen.

Naemi hatte zwar noch immer Schmerzen in ihrem Rükken, doch sie ignorierte sie. Ihr war das Wohl dieser Familie wichtig.

Als man im Lager Id el Fitr das Ende des Ramadan mit einem dreitägigen Fest feierte, wurde der Junge geboren, den seine Mutter Mustafa nannte. So hieß der Vater ihres Mannes.

Nessiba erholte sich rasch von der Geburt, und bald konnte sie den Haushalt wieder alleine machen.

Ruth hatte für die Mädchen und den Jungen Kahled einen Platz im Kindergarten bekommen. Muhamed hätte zur Schule gehen sollen, aber er wollte nicht. Seine Mutter bedrängte ihn ständig damit, weil es auch der Wunsch seines Vaters gewesen wäre.

Nessiba versuchte immer wieder, etwas über ihren Mann zu erfahren. Bald wurde ihr mitgeteilt, daß man ihn in die Haftanstalt »Coastal Detention Facility« im Gazastreifen gebracht hatte.

Nessiba konnte das Baby bei Naemi lassen und ging mit Ruth zur Arbeit in eine Gärtnerei oder in einen Kibbuz. Die Arbeit war nicht leicht und brachte nicht allzuviel Lohn. Doch Ruth beschwerte sich nie. Ihre Hände waren rissig und voller Schwielen. Naemi entging dies nicht. Sie sprach wieder davon, daß Ruth auf Orpas Angebot eingehen sollte.

»Fahre nach Gaza und schau dir wenigstens den Betrieb an. Du siehst, ich komme schon allein zurecht. Jetzt, da wir noch Nessiba kennengelernt haben, gibt es auch für mich wieder eine Möglichkeit, mich nützlich zu machen.«

Ruth spielte bereits mit dem Gedanken, eine Stelle in Gaza anzunehmen.

Doch alles entwickelte sich schlagartig anders. Im Lager brachen urplötzlich Tumulte aus. Leute rotteten sich zusammen und schrien irgendwelche Parolen. Fahnen wurden geschwenkt. Jugendliche hatten die Hauptstraßen durch Barrikaden gesperrt.

Alles begann an einem Freitag nach den Gottesdiensten in den Moscheen. Nessiba kam zu ihnen in die Wohnung.

»Muhamed ist in dieser Nacht nicht heimgekommen«, jammerte sie. »Er wird dabeisein. Er hat bestimmt mitgeholfen, die Barrikaden zu bauen. Er haßt die israelischen Soldaten.«

Nessiba stürzte hinaus auf die Straße. Die Kinder liefen hinter ihr her. Kahled konnte sie nicht halten. Er hatte seinen Bruder entdeckt. Dieser hatte Steine um sich gesammelt und sie mit seinen Freunden auf die anfahrenden Schützenpanzerwagen und Jeeps geschleudert.

Naemi rief immer wieder nach Kahled, daß er zurückkommen sollte, denn die Soldaten schossen bereits Tränengas in die dichtgedrängte aufrührerische Menge. In diesem Tumult der schreienden, brüllenden Menschen kam Ruth nicht voran. Die Soldaten forderten über Megaphon die Leute auf, sich zurückzuziehen und ihre Häuser aufzusuchen.

Ruth hielt sich das Taschentuch vor den Mund, um sich vor dem sich ausbreitenden Gas zu schützen. Ihre Augen begannen zu tränen. Sie konnte fast nichts mehr erkennen. Das Rasseln von Panzerketten trieb sie weiter. Es gab kein Ausweichen. Wie eine Viehherde wurden sie weitergetrieben. Männer und Frauen flüchteten und suchten zwischen den Häusern und Mauern Deckung, denn es wurde geschossen. Immer mehr Militär kam und suchte die Menge zu zerstreuen.

Endlich hatte Ruth Naemi entdeckt. Sie kauerte mit dem kleinen Kahled auf dem Boden hinter einer umgestürzten Bretterwand.

»Nimm den Jungen«, stöhnte Naemi. Sie bekam durch das verströmende Gas kaum noch Luft.

»Laß mich hier liegen. Ich kann nicht gehen.«

Erst jetzt sah Ruth, daß man Naemi niedergeschlagen hatte.

»In dem Durcheinander hat mich ein Soldat mit dem

Gewehrkolben getroffen. Ich wollte nicht, daß sie Muhamed verhaften. Sie haben ihn trotzdem mitgenommen.«

Naemi konnte sich kaum aufrichten. Ruth eilte weg, um zwei Frauen aus der Nachbarschaft zu holen, die helfen konnten, Naemi wegzutragen.

Der Pfleger der Ambulanz kam erst am anderen Morgen und begutachtete die große Prellung auf Naemis Rücken. Er ließ etwas zum Einreiben da. Aber die Schmerzen ließen nicht nach, so daß an mehreren Tagen Spritzen notwendig wurden.

Ruth mußte ihre Arbeit wieder unterbrechen und bei Naemi bleiben. Dadurch wurden ihre Ersparnisse erneut aufgebraucht.

Muhamed blieb nur drei Wochen im Gefängnis, dann war er wieder frei. Doch war er nun noch aufsässiger geworden. Nessiba machte sich ständig Sorgen um ihn. Hinzu kam, daß sie benachrichtigt wurde, man hätte ihren Mann ins Hospital verlegt.

Hilfesuchend kam sie zu Ruth.

»Ich muß nach Gaza reisen. Man hat mir bereits die Bewilligung gegeben. Kannst du mir Geld leihen?«

Ruth holte das letzte ersparte Geld aus dem Schrank und gab ihr auch noch die Adresse von Orpa.

»Meine Schwägerin wird dir helfen. Du mußt ihr nur sagen, daß ich dich geschickt hätte.«

Am frühen Morgen des nächsten Tages reiste Nessiba mit Muhamed, ihrem ältesten Sohn, nach Gaza, um ihren Mann zu sehen.

»Vielleicht darf ich Ibrahim mitnehmen. Ich könnte ihn hier wieder gesund pflegen.«

Mit dieser Hoffnung im Herzen reiste Nessiba ab. Die Kinder ließ sie in Ruths Obhut, die alle Hände voll zu tun hatte, denn Naemis Zustand besserte sich nicht, so daß sie oft keine Nachtruhe fand, weil sie bei Naemi wachte.

Erst zwei Wochen später kehrte Nessiba in das Lager zurück. Sie war in Trauer. Ihr Mann Ibrahim war an einem Nierenversagen gestorben und Muhamed kurz vor der Abreise verschwunden. Er wollte nicht mehr zurück. So gab es für Nessiba erneut Schwierigkeiten mit den Behörden, in die auch Ruth und Naemi miteinbezogen wurden. Immer wieder kam es zu Verhören und Hausdurchsuchungen, oft mitten in der Nacht. Ruth beschwerte sich. Aber was nützte das schon. Die Gesetze, die für das Lager und seine Bewohner galten, billigten dem einzelnen kaum Rechte zu. Das Militär hatte die Macht.

8.

Es wurde Frühling, es wurde Herbst – die Zeit im Lager Deischeh schien stehenzubleiben. Ruth und Naemi kannten die Leute, ihre Schicksale, ihre Sorgen und Nöte, aber auch ihre Freuden. Wurde eine Hochzeit gefeiert, ging es oft hoch her, und alle Bekannten und Nachbarn wurden eingeladen. Verwandte von Nessiba aus der Familie ihres Mannes hatten sich im Lager eingefunden. Diese alten Leute wachten über die Ehre von Nessiba. Der Onkel suchte bereits nach einem geeigneten Mann für Nessiba, der auch den Kindern ein Vater sein konnte. Nur Nessiba war darüber nicht glücklich. Häufig redete sie darüber mit Ruth und Naemi.

Ihre Gedanken weilten oft in der Vergangenheit, als sie noch ein Haus hatte, einen Garten, als die Kinder klein waren und alles so ganz anders war als hier im Lager. Nessiba konnte die Räume in ihrem Haus in Qabatiya in allen Farben schildern, so daß es zum Schluß dem Palast eines Sultans glich. So versuchte sie der Enge und Eintönigkeit in der jetzigen Behausung zu entkommen.

Und so erzog sie auch die Mädchen. Kahled war gewachsen und ein sensibler, verschlossener Junge geworden. Er vermißte Muhamed, seinen älteren Bruder. Dieser war einmal kurz aufgetaucht, dann für einige Monate geblieben und wieder verschwunden.

Von Orpa hörten sie schon lange Zeit nichts mehr. Sie hatte ihre Stelle in Gaza aufgegeben und war mit Hadidscha nach Beirut gegangen, um dort in einem Flüchtlingslager der PLO zu arbeiten. Ruth wußte, daß Orpa über Hadidscha mit der radikalen »Volksfront zur Befreiung Palästinas« zusammengekommen war und dort auch aktiv mitarbeitete. Aus diesem Grund waren die Verbindungen zu ihnen immer spärlicher geworden. Orpa wollte sie nicht unnötig in Gefahr bringen.

Naemi hatte begonnen, wieder ganz ihr Leben zu leben. Als Jüdin hielt sie die Festtage ein, fastete und feierte für sich den Sabbat. Ruth hatte oft Angst, daß davon jemand etwas merken könnte und daran Anstoß nehmen würde, da alle ringsum dem Islam angehörten und der Imam der Moschee ein eifriger Verehrer des Ayatollah Khomeini war und so ein strenges Auge auf die Frauen hatte.

Nessiba wußte, daß Naemi Jüdin war und Ruth der christlichen Religion angehörte. Aber das störte sie nicht. Sie hatte sich mit anderen Sorgen auseinanderzusetzen.

Ihre Hoffnung, daß der junge Kahled einmal ihr Los ändern könnte und Karriere machen würde, erfüllte sich nicht. Zwar ging er regelmäßig zur Schule, doch vernachlässigte er seine Hausaufgaben und war immer häufiger mit radikalen jugendlichen Gruppen zusammen. Deren Anschläge richteten sich gegen vermeintliche Kollaborateure oder sie warfen aus dem Hinterhalt Steine, wenn Polizei- oder Militärfahrzeuge die Straßen entlangfuhren.

So gab es immer wieder Unruhe und Hausdurchsuchungen. Kahled wurde zweimal auf die Wache mitgenommen, verhört, aber bis jetzt kam er immer wieder zu seiner Mutter zurück. Alle Ermahnungen seitens seiner Mutter schlug er in den Wind. Er war so voller Haß, daß weder Ruth noch Naemi bei ihm etwas ausrichten konnten.

Ruth und Nessiba arbeiteten mit anderen Frauen in einer Strickwarenfabrik. Von morgens bis zum Abend standen sie an den Strickereimaschinen und produzierten Jacken und Röcke, Pullover und Mützen.

Manchmal, wenn es zu Streiks kam, waren sie dann tagelang wieder zu Hause. So nutzte Ruth einmal die freie Zeit und fuhr ohne Naemis Wissen nach Tel Aviv, um selbst Nachforschungen über die Familie Elimelechs anzustellen.

Auf alle Schreiben bekam sie keine Antwort. Nur auf den letzten Brief hatte ein Rechtsanwalt der Firma geantwortet und sogar mit einer Klage gedroht. In kurzen Worten wies er darauf hin, daß die Familie Elimelech Kowalski in Amman verstorben sei und dort auch keine Angehörigen mehr gemeldet sind.

Ruth wurde in dem Büro der Kowalskis empfangen. Dort trug sie noch einmal ihr Anliegen vor und bat um Hilfe für Naemi, Elimelechs Frau. Ruhig hörte sie der junge Mann, ein Sohn von Elimelechs Bruder Baruch, an. Danach holte er eine Akte aus seinem Tresor und zeigte Ruth die amtlichen Schreiben aus Amman, die den Tod Elimelechs und seiner Söhne anzeigten.

Ruth mußte unverrichteter Dinge gehen. Für Naemi gab es hier keine Hilfe. Wenn überhaupt, dann nur noch über den Staat Israel selbst, der Nachforschungen anstellen konnte. Würde Naemi noch erleben, daß sie als Bürgerin Israels anerkannt wurde? Würde sie je einen gültigen Paß in den Händen halten, der sie berechtigte, zu reisen wohin sie wollte?

Israel führte im Sommer 1982 Krieg mit dem Libanon. Deshalb nahmen auch die Terroranschläge zu, was wiederum Repressalien seitens der israelischen Behörden nach sich zog. Oft gab es keinen Strom, dann wieder war das Wasser beschränkt.

Naemi murrte nie. Sie war mit dem wenigen zufrieden, das sie hatte. Auf dem winzigen Gelände hinter der Baracke baute sie etwas Gemüse an und zog einige Blumen.

Orpa hatte sich erst nach dem 9. September 1982 wieder gemeldet, als auf der 12. Gipfelkonferenz in Fes alle arabischen Staatschefs die Existenz des Staates Israel anerkannten und den Palästinensern einen eigenen Staat zugestanden. Es schien sich doch noch alles zum Guten zu wenden.

Orpa schrieb begeistert über ihre Arbeit in den Lagern, in denen sie für die Betreuung der Schulen zuständig war. Sie kündigte ihren Besuch an, doch dann kam wieder eine Absage. Orpa hielt sich wieder in Beirut auf. Neue Termine, die sie wahrnehmen mußte, hatten ihr Kommen nicht möglich gemacht.

Naemi war darüber enttäuscht, und Ruth tröstete sie.

»Vielleicht ist es gut, daß sie unter diesen Umständen nicht kommt. Bei den ständigen Kontrollen im Lager wäre sie eventuell noch verhaftet worden.«

Der Sommer neigte sich seinem Ende zu, und der erste Herbstregen ging über das Land nieder. Es wurde kalt. Man mußte die Wohnräume wieder heizen.

Wie immer in der letzten Zeit bereitete Naemi das Abendessen zu. Es hatte sich so eingebürgert, daß sie für alle kochte. Für Nessiba war das eine sehr große Hilfe. Nur an den Freitagen und Samstagen, an denen sie frei hatten, kochte Nessiba für alle.

Meist hatte sie sich dann Frischgemüse in Bethlehem besorgt. Oder sie schickte einfach die Zwillinge weg, und die besorgten bei Freunden und Bekannten, was sie brauchte.

Das Essen war fertig, der Tisch gedeckt, und alle warteten auf Kahled.

»Er war doch gerade noch hier«, sagte Nessiba verärgert und legte ihr Kopftuch zur Seite. Sie hatte ihr braunes üppiges Kraushaar zu einem Knoten geschlungen.

Erneut ging sie zur Tür und rief nach ihrem Sohn. Doch es kam keine Antwort. Sie begannen mit dem Essen. Die Mädchen erzählten über die Begebenheiten draußen auf der Straße.

Doch Nessiba hörte nicht zu. Ruth merkte, wie unruhig sie war.

Plötzlich stand sie auf.

»Ich will nach Kahled sehen.«

Sie holte ihr Tuch, schlug es um die Schultern und ging hinaus. Alle waren mit dem Essen fertig, doch Nessiba war noch immer nicht zurück.

Draußen hörte man Autos fahren. Leute unterhielten sich laut auf der Straße – Geräusche, die ihnen vertraut waren.

Trotzdem war bei ihnen allen die Angst eingeschlichen.

Nessiba kehrte ohne Kahled zurück.

»Ich war bei seinen Freunden. Keiner wußte, wo er war.«

Sie half, das Geschirr wegzuräumen, war aber nicht bei der Sache, so daß Teller zu Boden fielen und zerbrachen. Ärgerlich kehrte sie die Scherben zusammen. Plötzlich setzte sie sich auf einen Stuhl und begann hemmungslos zu weinen.

Ruth legte den Arm um ihre Schultern.

»Kahled kommt bestimmt zurück. Er ist doch schon öfter unterwegs gewesen.«

Ruth merkte, wie schwer es Nessiba fiel zu sprechen.

»Kahled muß Verbindung mit meinem ältesten Sohn Muhamed haben.«

»Aber ist dieser nicht als Fedajin im Libanon?«

Ruth erinnerte sich, daß sie darüber noch am gestrigen Tag geredet hatten und daß sich Nessiba wünschte, ihren Ältesten wieder einmal zu sehen. Und nun sollte er bereits hier sein?

Ruth wußte über Zeitungsmeldungen und Nachrichten, daß sich die Lage der Palästinenser im Libanon weiter verschlechterte und daß die schiitischen Amal-Milizen die Palästinenser aus dem Libanon vertrieben. Es kam zu Terrorakten und Massakern in den dortigen Flüchtlingslagern.

Nessiba nahm aus ihrer Tasche einen winzigen Zettel und schob ihn Ruth zu. Draußen lärmten die Kinder. Naemi unterhielt sich mit einigen Frauen. Ruth hielt den Zettel lange in der Hand.

»Mutter, morgen um die Mittagszeit will ich dich am Eingang der Geburtskirche treffen. Muhamed.« Die Worte waren so winzig geschrieben, daß sie Mühe hatte, sie zu entziffern. Nessibas Gesicht glühte vor Aufregung. Die Angst machte sie ratlos.

»Was soll ich tun? Hat Muhamed auch Kahled zu einem Treffen gerufen? Muhamed wird bestimmt gesucht.« Nessiba hoffte, daß Ruth bei dieser ganzen Sache einen Ausweg wußte oder ihr raten konnte, wie sie sich am besten verhielt, ohne sich und alle in Gefahr zu bringen.

»Ich kann nicht sagen: Gehe hin oder bleibe weg. Tue das, was dir dein Gefühl sagt.« Ruth gab ihr den Zettel zurück, den Nessiba über der Kerze verbrannte.

Ruth schlief die ganze Nacht über schlecht. Sie hörte, daß

auch Naemi sich von einer Seite auf die andere drehte. Sie wachte ebenfalls.

Kahled war die Nacht über nicht heimgekommen. Ruth ging allein zur Arbeit und entschuldigte Nessiba. Diese war unterwegs in Bethlehem ausgestiegen.

Ruth war den ganzen Tag über nicht recht bei der Sache. Immer wieder mußte sie die Maschine abstellen und die Fehler, die sie gemacht hatte, beheben. Dadurch bekam sie mehrmals Schwierigkeiten mit dem Aufseher und hatte ihr Arbeitspensum nicht erreicht. Ruth hatte sowieso immer Mühe, ihr Soll zu erreichen. Sie besaß nicht das Geschick von Nessiba, der alles viel leichter von der Hand ging als ihr. Allein, ohne Nessiba, war die Arbeit für sie kaum zu bewältigen. Das merkte sie an diesem Tag.

Wortkarg stieg sie in den Bus und kümmerte sich kaum um die Frauen vor ihr und hinter ihr. Sie beteiligte sich an keinem Gespräch. Die Dämmerung setzte bereits ein, als sie durch Bethlehem fuhren. Überall standen Busse, parkten Autos. In den engen Straßen war kaum ein Durchkommen. Vor den Andenkenläden stauten sich die Touristen und Pilger. Jeden Tag war es das gleiche Bild. In der Weihnachtszeit würde der Touristenstrom noch zunehmen. Dann gab es kaum ein Durchkommen.

Ruth kannte die Stadt. Gerade im letzten Jahr war sie wieder einmal in der Geburtskirche gewesen und hatte an einem griechisch-orthodoxen Gottesdienst im Gedenken an ihren toten Vater teilgenommen. Es ergab sich, daß dies gerade sein Todestag war.

Als Kind hatte sie alle Stätten in Palästina, die die Christen verehrten, besucht. Ihr Vater legte darauf Wert, daß ihr und ihrem Bruder alles vertraut wurde, was der Kirche heilig war.

Doch wie lange war das schon her.

Eine Polizeieskorte tauchte auf und begann, den stockenden Verkehr zu regeln.

Am Ausgang der Stadt stand tatsächlich Nessiba. Der Fahrer hielt und ließ sie einsteigen. Einige der Frauen bestürmten sie mit Fragen, denn sie hatte morgens gesagt, sie müsse zu einem Arzt.

Nessiba nahm ihren Platz neben Ruth ein. Heimlich drückte sie deren Hand, und so wußte Ruth, daß alles geklappt hatte, sie jetzt aber nicht reden konnte.

Auf dem Heimweg von der Bushaltestelle kam sie auf Muhamed zu sprechen: »Ich hätte meinen Sohn nicht wiedererkannt. Er sah aus wie ein junger Amerikaner. Alles ging so schnell. Kaum daß ich etwas fragen konnte. Er sprach nur kurz mit mir, sagte, daß es ihm gut gehe und ich mir keine Sorgen machen müßte. Er würde nicht in Israel bleiben, sondern wieder nach Beirut oder Damaskus gehen. Dann steckte er mir in Zeitungspapier eingebunden ein Bündel Geldscheine zu und meinte, dies sei für mich und seine Geschwister. Wir sollten uns ein Haus kaufen und bessere Möbel. Alles sollten wir einrichten wie in unserem alten Haus in Qabatiya. Er würde dann wieder zu Besuch kommen. Ich fragte, ob er auch Kahled getroffen habe. Darauf gab er keine Antwort. Plötzlich war er wieder in der Menge verschwunden und ich allein.

Die ganzen Stunden habe ich dann in Bethlehem zugebracht. Ich war in den Geschäften, aber so aufgeregt, daß ich mir nichts anschauen konnte. Immer hoffte ich, Muhamed noch einmal zu sehen.«

Ruth war froh, daß die Begegnung Muhameds mit seiner Mutter draußen und nicht im Lager stattfand. So konnte davon auch keiner etwas gemerkt haben.

Sie traute Muhamed nicht. Woher hatte er das viele Geld? Es waren unzählige Dollarscheine, die Nessiba in ihrer einfachen kunstledernen Handtasche verwahrte. Ihr war es gleichgültig, woher das Geld stammte. Danach fragte man einfach nicht. Nessiba träumte bereits davon, was sie alles jetzt unternehmen konnte, ohne den ungeliebten Mann heiraten zu müssen, von dem ihre Verwandten immer wieder sprachen und sie bedrängten, weil dieser etwas Vermögen bei Nablus besaß. Was sollte man schon mit einem Boden anfangen, den man nicht mehr bebauen konnte, den israelische Siedler beanspruchten? Zwar sollte er dafür eine Entschädigung bekommen, von der sie immer sprachen. Aber bis jetzt hatte er noch keinen einzigen Schekel erhalten.

Nessiba sprach von dem Haus, das sie auf einem Grundstück nahe der Wasserstelle bauen wollte, und redete zu Ruth von der zukünftigen Brautausstattung für ihre Töchter. Auch die Söhne würden einen guten Beruf erlernen können. Eine große Last und die meisten ihrer Sorgen waren durch das viele Geld von ihren Schultern genommen worden.

»Nessiba, sei trotz allem vorsichtig! Gib jetzt nicht so viel Geld aus. Die Leute werden mißtrauisch. Laß dir besonders beim Händler vorne an der Ecke etwas einfallen, wenn du plötzlich deine Schulden bezahlst.«

»Dieser dickbäuchigen Kröte werde ich nichts zurückzahlen. Er wird weiter warten«, sagte sie böse.

»Milch und Zucker für meine Kinder hätte ich von ihm bekommen können, wenn ich mit ihm geschlafen hätte.«

Sie stieß eine Flut von Verwünschungen aus.

»Ich werde achtgeben. Keiner wird etwas merken. Wir werden zuerst einmal so weiterleben wie bisher auch.« Ein schlaues Lächeln stahl sich in ihr Gesicht. Selbst die Verwandten sollten nichts merken. Sie wußte, daß sie wie Aasgeier über sie herfallen würden.

Kahled war an diesem Abend pünktlich zu Hause. Als seine Mutter ihn fragte, wo er in der vergangenen Nacht gewesen sei, zuckte er nur die Schultern und schwieg. Er aß das Brot, hörte später noch von Muhamed und schwieg auch dazu. Er sagte nichts auf alle Fragen, die seine Mutter an ihn stellte.

Naemi feierte für sich allein das Laubhüttenfest. Es machte ihr Spaß, ihren spartanischen Raum etwas auszuschmücken und ihn in eine Laubhütte zu verwandeln. Ruth blieb an diesem Abend bei ihr. Gemeinsam lasen sie in der Thora die vorgeschriebenen Texte: »Fürchte Gott und achte seine Gebote; das ist alles, was der Mensch hienieden braucht.«

Diese Verse aus Prediger 12,13 wiederholte Naemi noch einmal. »Das Judentum, das Christentum und der Islam finden sich in diesen Worten wieder. Wenn wir uns danach richten würden, könnte es für uns alle ein SCHALOM werden.«

»Von diesem Frieden sind wir leider weit entfernt«, entgegnete Ruth seufzend und dachte dabei an Muhamed, aber auch an Orpa.

Ruth und Nessiba gingen am anderen Morgen wieder wie üblich zur Arbeit, während Naemi das Haus versorgte. In der Straße besuchte sie oft Alte und Kranke. Davon sprach sie nicht zu Ruth, obwohl diese wußte, daß Naemi hier und da etwas von ihrem Essen hintrug oder einen Pullover, eine Decke verschenkte.

Kahled ging jeden Morgen pünktlich weg zur Schule. Naemi wußte bald, daß er dort nicht eintraf. Einer der Lehrer erschien und erkundigte sich nach Kahled. Er glaubte, er sei erkrankt. Naemi versuchte, mit dem Jungen zu reden, als er an einem Mittag kam, um sich etwas zu essen geben zu lassen.

»Es gibt Ärger in der Schule. Wo verbringst du deine Zeit?«

»Ich werde wieder in die Schule gehen, doch jetzt gibt es wichtigere Dinge«, sagte er und wollte damit die Sache abtun.

Doch Naemi drang weiter in ihn.

»Kahled, denke an deine Mutter und an deine Geschwister. Du darfst dich nicht zu etwas verleiten lassen, das Unglück über deine Familie bringt.«

Kahled schwieg und sagte nichts. Er ließ sich von Naemi nicht aufhalten, sondern verschwand wieder nach draußen. Keiner wußte, wo er sich aufhielt, ob er im Lager war oder draußen herumstreunte und Kurierdienste tat.

Am Abend redete Naemi mit Nessiba. Im Lager gärte es bereits wieder. Neue Parolen waren an die Wände geschmiert worden. Die Polizeistreifen waren verdoppelt worden. Das Militär stand in Alarmbereitschaft.

Die beiden Mädchen untersuchten das Bett, in dem Kahled schlief. Sie entdeckten dort ein Paket mit Pistolen und Munition. Naemis Vermutung bestätigte sich. Sie hatte beobachtet, wie er einmal Tüten, dann wieder Pakete in die Wohnung brachte.

Ruth kam und half weiter bei der Suche. Unter dem Bett fanden sie in einem getarnten Loch im Fußboden Päckchen mit Sprengstoff.

Während sie noch überlegten, was sie tun sollten, erschien Kahled. Man sah ihm an, daß er in Eile war. Sofort erfaßte er die Situation. Er riß die Tüte, die Ruth hielt, an sich, griff die Schachtel mit den Pistolen und war schon wieder draußen.

»Ich gehe ihm nach«, sagte Ruth hastig und verschwand nach draußen, noch ehe Naemi und Nessiba sie zurückhalten konnten.

Ausgangssperren waren verhängt. Aber daran dachte Ruth jetzt nicht. Sie mußte sich beeilen, um Kahled nicht aus den Augen zu verlieren. Aber er war schneller als sie. Während sie noch überlegte, wohin er verschwunden sein konnte, tauchten auch schon Polizeifahrzeuge auf.

Ruth verbarg sich im Schatten eines Hoftores und sah plötzlich auf der Kreuzung einige Männer, vermummt mit ihren karierten PLO-Tüchern. In dem düsteren Licht der Straßenlampe erkannte sie auf der anderen Seite Kahled. Noch ehe die Polizeiautos näherkamen, waren die Waffen im Besitz der Männer, die sofort zwischen den Häusern verschwanden.

Kahled aber schien etwas erfahren zu haben, was ihn in Panik versetzte; denn er rannte wie von Furien gehetzt los, direkt in das Scheinwerferlicht der fahrenden Jeeps.

Ruth sah, wie oben auf der Anhöhe, wo die Straße in eine Rechtskurve abbog, ein Mann sich aus dem düsteren Schatten eines Hauses löste und versuchte, ein Auto zu erreichen. Er wurde aufgefordert, stehenzubleiben, doch der Mann rannte weiter, drehte sich schnell herum und warf eine Handgranate gegen den Jeep, der ihn fast eingeholt hatte.

Eine Stichflamme und eine heftige Detonation zerriß die Stille der Nacht. Sofort war eine laute Schießerei im Gang.

Das Auto brannte. Dazwischen hörte man, wie Befehle ausgegeben wurden. Von überallher kamen Menschen. Ruth wußte bald, daß Kahled seinen Bruder warnen wollte.

Muhamed lag erschossen auf der Straße. Die Polizisten kümmerten sich um ihre schwer verletzten Kollegen. Über Funk wurde die Ambulanz angefordert.

Ruth ging zurück. Auf dem Weg kam ihr schon Nessiba mit anderen Frauen entgegen. Man hatte sie geholt, um ihren toten Sohn zu identifizieren. Nessiba schrie laut auf, stieß Ruth und die Frauen zur Seite und lief zu ihrem Sohn. Sie wollte ihn an den Schultern hochheben. Aber inzwischen waren schon Soldaten da, die Muhamed auf eine Bahre legten.

Nessiba wurde einfach beiseite gedrängt, und zwei Polizisten brachten sie zu einem anderen Wagen. Man forderte sie auf einzusteigen. Auch sie wurde weggebracht wie die Verletzten und einige junge Leute, die verhaftet worden waren.

Niedergeschlagen machte sich Ruth auf den Heimweg. Doch in dieser Nacht kehrte keine Ruhe ein.

Militärpolizei durchsuchte ihre Wohnungen. Die verängstigten Kinder von Nessiba wurden verhört, ebenso Ruth und Naemi.

Naemi fiel es schwer, den stundenlangen Verhören standzuhalten, die in dem Verwaltungsgebäude des Lagers durchgeführt wurden.

Erinnerungen an die ausgestandene Folter waren sofort wieder gegenwärtig. Ruth versuchte, für Naemi zu sprechen und wollte, daß man sie nach Hause ließ. Aber darauf nahm man keine Rücksicht, denn Naemi war plötzlich interessant geworden. Bei ihr standen zu viele Fragen offen, vor allem die Verhaftung in Amman.

Während Nessiba, Ruth und die Kinder heimgehen konnten in ihre verwüstete Wohnung, in der man alles von unten nach oben gekehrt hatte, durfte Naemi nicht zurück. Sie wurde in eine Zelle gebracht, in der sie mit anderen Frauen auf ihr weiteres Verhör warten mußte.

Wieder war sie in einem Netz von Angst gefangen. Sie konnte ihr Zittern nicht unterdrücken. Herzbeschwerden stellten sich ein, so daß Naemi am Abend in das Hospital gebracht werden mußte. Ruth versuchte, eine Besuchserlaubnis zu bekommen. Nur ihrer Hartnäckigkeit war es zu verdanken, daß sie Naemi sehen konnte.

»Es nimmt kein Ende«, sagte Naemi bitter. »Warum glauben sie mir nicht? Schon seit meiner frühesten Jugend mußte ich mich dem Terror stellen. Immer erlebte ich Gewalt, Mord und Totschlag. Wird es für mich einmal Frieden geben?«

Das helle Neonlicht zeigte die ganze Verzweiflung, die Naemi empfand und der sie nichts mehr entgegensetzen konnte.

Ruth wurde von dem Pfleger aufgefordert zu gehen. Wie gerne wäre sie geblieben, aber das war nicht erlaubt.

In ihrer Not betete sie auf dem langen Heimweg, daß Gott Naemi schützen möge und sie nicht wieder in schwere Depressionen fiel.

Wieder vergingen Tage. Das Lager schien von der Außenwelt abgeriegelt zu sein. Ausgangssperren und geschlossene Geschäfte sollten Druck auf die Bevölkerung ausüben. Doch der Widerstand verhärtete sich nur. Unbemerkt in der Nacht wurde Muhamed beerdigt. Nur die Kinder, Nessiba, Ruth und einige Verwandte waren zugegen. Von Kahled wußten sie, daß er im Militärgefängnis saß.

Immer wieder fanden Razzien statt. Muhamed hatte eine größere Sache geplant. Er wollte mehrere Bomben in der Geburtskirche zünden, um dadurch die Weltöffentlichkeit auf die Sache der Palästinenser aufmerksam zu machen. Doch einer seiner Leute mußte ihn verraten haben. Genaueres erfuhren Ruth und Nessiba nicht.

Ende November war Kahled wieder frei und bei seiner Mutter im Lager. Naemi jedoch war noch immer im Spital. Für Ruth war ungewiß, ob sie heimkehren durfte oder ob man sie in Haft behielt.

Ruth schrieb Gesuche an die Lagerverwaltung, an den Militärgouverneur, an die Behörden in Jerusalem.

Kahled ging wieder zur Schule, aber er hatte sich verändert. Er sprach kaum und hockte meist zu Hause auf seinem Bett. Über seinem kleinen Nachttisch hing das Foto von Muhamed und darunter eine kleine Flagge der PLO, die ihm Muhamed gegeben hatte.

Nessiba wollte mit Kahled über Muhamed sprechen, doch er verweigerte es.

»Du kannst ihn nicht zwingen. Er braucht Zeit, um mit allem fertig zu werden«, mahnte Ruth Nessiba zu mehr Geduld.

»Er spielt jetzt mit seinem jüngeren Bruder. Das hat er früher nie getan. Noch nie blieb er so oft daheim, nicht einmal als kleiner Junge.«

Kahled wußte, daß er unter Beobachtung stand. Er gab nie Anlaß zur Beanstandung. Es schien, als hätte er sich in alles gefügt. Doch Ruth machte sich Sorgen um ihn und sprach darüber auch zu Nessiba. Er verhielt sich ganz anders als Jungen seines Alters. Ihn schien nichts mehr zu interessieren.

»Ich werde mit seinen Lehrern sprechen. Aber ich kann mich über ihn nicht beklagen. Kahled ist ein guter Junge geworden.«

Nessiba teilte Ruths Sorgen nicht. Sie war bereits mit ihrem neuen Haus beschäftigt, denn sie wollte einen Teil des Geldes anlegen, das ihr ein Vermächtnis ihres ältesten Sohnes war. Seinen Wunsch wollte sie in Erfüllung bringen.

Da Kahled nun der Älteste war, sprach sie mit ihm darüber.

»Mache, was du für richtig hältst, Mutter«, war seine Antwort. Er ließ sich nicht bewegen, mit ihr den Makler aufzusuchen.

Kurz vor Weihnachten wurde Naemi von einem Tag auf den anderen entlassen. Die Gesuche hatten anscheinend ein Wunder bewirkt. Ruth war überglücklich und wußte in ihrer Freude nicht, was sie alles für Naemi tun sollte.

Naemi bremste ihren Eifer. »Ich habe keinen Hunger noch habe ich Durst. Ich möchte nur die Ruhe genießen, alle die Geräusche wieder hören, die mir so vertraut waren, und den kleinen Garten sehen. Es ist meine kleine Welt, die ich wieder um mich haben möchte.«

Ruth erzählte, was sich in der letzten Zeit ereignet hatte.

Die Zwillinge brachten Naemi gebastelte Geschenke und Nessiba Kuchen. Nur Kahled ließ sich nicht sehen. Sie hörten, wie er nebenan in dem Raum auf und ab ging. Wortfetzen lösten sich mit lauter Musik ab. Kahled suchte bestimmte Sender im Radio. Meist die Stimme Beiruts.

»Ich werde ein Haus bauen können«, sagte Nessiba glücklich zu Naemi und zeigte ihr den Bauplan. »Auf dem Platz steht schon ein altes Haus, aber wir werden es ganz umbauen. Wenn du und Ruth es möchten, könnt ihr bei uns eine Wohnung beziehen. Es wird für alle Platz sein.«

Sie sprach fast den ganzen Abend nur von dem Haus und der Einrichtung. Nessiba wollte alles so haben, wie es in Qabatiya gewesen war. Ihre Zukunftspläne erfüllten sie so sehr, daß sie alles andere beiseite gedrängt hatte und darüber auch nicht mehr sprechen wollte.

Es war spät geworden. Zum Glück mußten sie morgen nicht zur Arbeit. Sie hatten über die Zeit, in der das Weihnachtsfest in Bethlehem gefeiert wurde, Urlaub bekommen. Die Firma führte Umbauten durch und machte Inventur. Erst im Januar würden sie wieder mit der Arbeit beginnen, vielleicht schon in der neuen Werkshalle, in der die Arbeitsplätze besser, heller und schöner sein würden, wie ihnen gesagt worden war.

In der Nacht waren schwere Regengüsse niedergegangen. In dem Raum war es eisig kalt. Ruth schimpfte, weil schon wieder der elektrische Strom ausgefallen war und darum der Heizofen keine Wärme abgab. Naemi blieb im warmen Bett liegen. Ruth zog sich an, um die nötigen Einkäufe zu machen. Da die Juden am morgigen Tag Chanukka feierten und für sie auch das Weihnachtsfest anstand, wollte Ruth für ein Weihnachtsessen sorgen und so auch Naemis Rückkehr feiern.

Wie üblich standen schon Käuferschlangen vor der Bäckerei und vor dem Metzgerladen, denn an beiden Tagen zuvor waren wieder einmal alle Geschäfte geschlossen gewesen.

In den letzten Tagen war es öfter zu Unruhen gekommen. Mehrere Kundgebungen wurden vom Militär vor der Schule aufgelöst. Ruth entdeckte auch Kahled unter den Leuten, die warteten. Sie grüßte ihn, und er nickte stumm. Nessiba lag bestimmt noch im Bett. Den Einkauf hatte sie in der letzten Zeit immer Kahled überlassen oder auch die Mädchen geschickt.

Jugendliche standen an der Straßenecke vor der Autowerkstatt, rauchten und diskutierten.

Das war nichts Ungewöhnliches. Überall gab es Leute, die

zusammenstanden und redeten, die einen über den Klatsch, die anderen über Politik.

Plötzlich warf ein Junge eine Cola-Dose auf die Straße. Es war wie ein Signal. Aus der Werkstatt brachten andere schon bereitgelegte Autoreifen. Unter ihnen waren Jungen im Alter von fünf oder sechs Jahren. Im Nu wurde eine Barrikade errichtet. Einer der älteren schüttete hastig einen Kanister Benzin darüber, und ein anderer warf seine brennende Zigarette auf den Stoß.

Im Nu brannte alles lichterloh und hüllte die enge Straße mit beißenden, dichten Rauchwolken ein.

Alles ging so schnell, daß die Leute auf der Straße dem allem fasziniert zusahen. Keiner gebot Einhalt. Niemand sagte etwas. So etwas wiederholte sich fast täglich in irgendeiner Variante. Gewalt brach sich überall Bahn. Die Jugendlichen versuchten auf diese Weise, dem öden, langweiligen Alltag zu entkommen.

Ein Jeep mit drei Soldaten tauchte auf, und da flog auch schon der erste Stein. Ruth wollte sich aus dem Tumult befreien, doch sie kam nicht durch die Menge, die vor dem sich ausbreitenden Feuer zurückwich.

Die Soldaten blieben bei ihrem Jeep. Einer rief über sein Funkgerät Verstärkung herbei. Unschlüssig warteten sie und wußten nicht so recht, was sie tun sollten. Die Flammen schlugen immer höher. Ein neu hineingeworfener Benzinkanister explodierte. Der junge Leutnant nahm plötzlich eine Stange aus dem Jeep.

»Das Feuer greift auf das Haus über. Die brennenden Reifen müssen weg.«

Er war kaum bei dem brennenden Haufen, als ein Schuß durch die Menge peitschte. Der junge Soldat brach auf der Stelle zusammen.

Aufgeschreckt fuhr Ruth herum. Die Tasche wurde ihr aus dem Arm gerissen. Sie spürte den Haß, den Triumph darüber, daß einer der verhaßten Soldaten getroffen am Boden lag. Johlen, Rufen, Schreien.

Da sah sie Kahled mit kalkweißem Gesicht und zusammengekniffenen Augen. Er kostete aus, was er getan hatte.

Noch hielt er die Pistole hoch, jederzeit bereit weiterzuschießen, wenn es notwendig sein würde. Neben sich aber spürte Ruth den sterbenden Soldaten. Aus einer Wunde am Hals rann Blut auf den Asphalt und bildete unter dem Helm eine immer größer werdende Lache.

Entsetzt starrte sie in das bleicher werdende Gesicht mit den weit aufgerissenen Augen. Vor ihr tauchte Machlons Gesicht auf. Er sah genauso aus. In den Augen diesen verblüfften, ratlosen Blick.

Ruth schob ihre Hand unter den Kopf des Sterbenden. Sie merkte, daß der Mann etwas sagen wollte. Doch der Tod kam ihm dabei zuvor.

Wahllos schoß einer der Soldaten in die Menge, während der andere hysterisch in das Funkgerät brüllte.

Immer mehr Soldaten erschienen auf dem Platz. Die Menschenmenge wich widerstrebend zurück, als Tränengas das Atmen zur Qual machte. Der Platz und die ganze Straße wurden abgeriegelt, und die meisten Jugendlichen standen mit erhobenen Armen an der Häusermauer.

Einige von ihnen lagen verletzt am Boden. Molotowcocktails waren sichergestellt worden. Eine palästinensische Flagge lag zerfetzt am Boden.

Sanitäter halfen Ruth beim Aufstehen, während sie eine Decke über den Toten legten. Ruth beantwortete die ersten Fragen. Man suchte auch bei ihr nach einer Waffe.

Der tote Soldat wurde vorsichtig auf eine Trage gelegt und in ein Sanitätsauto geschoben. Ruth brachte man zu einem gepanzerten Wagen. Sie kehrte an diesem Tag nicht zu Naemi zurück. Man brachte sie auf die Polizeiwache. Danach wurde sie wie viele andere, die festgenommen worden waren, in das Militärgefängnis nach Bethlehem gebracht.

In der Stadt feierten Pilger in der Geburtskirche das Weihnachtsfest. »Ehre sei Gott in der Höhe und Friede auf Erden« war die Engelsbotschaft, die von Priestern den Gläubigen verkündet wurde.

Ruth war schon zum zweiten Mal gefragt worden, ob sie gesehen hätte, wer die tödliche Kugel abgegeben hatte. Sie sah dem Hauptmann an, daß er ihr nicht glaubte und sie mitverdächtigte. Was sollte sie tun? Kahled ausliefern? Er war mit seinen 14 Jahren ein Mörder.

Ruth wußte nicht, daß Kahled sich bereits in diesem Augenblick seiner Tat brüstete. Sie hatten die Pistole bei ihm gefunden. Muhamed hatte sie noch einen Tag vor seinem Tod Kahled gegeben. Seine Initialen waren darin eingraviert. Darum warf Kahled die Pistole nicht weg. Als der Sergeant ihm die Pistole abnahm, tobte er und schluchzte.

»Ich habe nur meinen Bruder gerächt, meinen Vater gerächt, meine Mutter gerächt, die im Lager leben muß«, brüllte er, und Tränen liefen über sein Gesicht.

9.

Ruth wußte nicht, wie spät es war, ob draußen bereits der Tag dämmerte oder die Nacht noch vorherrschte. Eine Uhr hatte sie nicht, und das grelle Neonlicht nahm ihr jeden Zeitbegriff. In der Zelle war es kalt und feucht. Wiederholt hatte man sie zum Verhör geholt. Vermutungen wurden angestellt, die in keiner Weise der Wahrheit entsprachen. Sie wußten sehr viel von Muhamed, aber auch der Name von Orpa fiel. Ruth beteuerte immer wieder, daß sie zwar Palästinenserin sei, aber keiner politischen Gruppierung angehören würde.

Sie berichtete ihre Lebensgeschichte, sprach von Naemi, Machlon, ihrem Mann, aber auch von Kilion und Orpa und dem Mädchen Aisha, das durch die Kugel eines israelischen Soldaten gestorben war.

Der weißhaarige Offizier hörte ihr mit unbewegtem Gesicht zu. Manchmal schaute er sie durch seine randlose Brille prüfend an, dann wieder machte er Notizen auf einem Blatt.

Ruth merkte, daß er ihrem Bericht mit Skepsis und Unglauben begegnete.

»In Amman ist Leila zurückgeblieben. Sie ist eine Palästinenserin und lebte im Haushalt meines Schwiegervaters Elimelech Kowalski. Sie kann bezeugen, daß das stimmt, was ich erzählt habe. Auch der Familie Kowalski in Tel Aviv kann sie nachweisen, daß Naemi, die Frau Elimelechs, Amman verlassen hat, um nach Israel zurückzukehren.«

Auf einen Wink des Hauptmanns wurde Ruth wieder in die Zelle gebracht. Der Lärm der Straßen – draußen mußten immer noch Demonstrationen stattfinden – drang zu ihr herein. Für einen Moment schloß sie müde die Augen. Sie wußte nicht, wie alles weitergehen würde. Ruth betete, daß sie zu Naemi heimkehren durfte.

Stunden waren vergangen, als man sie erneut holte.

Wieder saß der Hauptmann hinter seinem Schreibtisch.

»Wir haben Ihre Angaben überprüft. Sie entsprechen der Wahrheit«, sagte er knapp und schob ihr die abgenommenen Papiere zu.

»Sie können heimgehen. Auf Sie fällt kein Verdacht mehr. Wir kennen den Mörder. Der 14jährige Araber Kahled Mokafa hat gestanden, daß er auf den israelischen Soldaten geschossen hat. Auch Zeugen haben dies mittlerweile bestätigt.«

Der Hauptmann sprach sehr gut arabisch und redete genauso schnell Ivrit mit seinen Kollegen. Ruth verstand alles, was er sagte.

Sie steckte den Paß ein, stand auf und wollte gehen. Doch da kam ein junger Soldat, der dem Hauptmann etwas zurief. Man hielt Ruth zurück.

Der Hauptmann stand auf und kam auf sie zu. Seine dünnen Lippen verzogen sich zu einem Lächeln, als er das Erschrecken auf Ruths Gesicht sah. Gutmütig meinte er: »Nein, Sie müssen nicht hierbleiben. Sie können zurück. Nebenan ist der Vater des erschossenen Soldaten. Er fragte nach Ihnen und will Sie sehen.«

Ruth war verwirrt. »Er will mich sehen?«

»Ja, kommen Sie!« Er schien plötzlich große Eile zu haben. Sie merkte auch, daß er sie los sein wollte.

Ruth zog das braungestreifte Tuch über ihre Schultern. Sie fror, obwohl das Büro geheizt war. Nebenan klapperten Schreibmaschinen und klingelten Telefone.

Der Hauptmann brachte Ruth über einen Flur in einen

kahlen Raum, in dem auf dem betonierten Boden ein Sarg stand. Er war offen. Sie sah, daß der Soldat darin lag, der in ihrem Beisein erschossen worden war. Auf dem Sargdeckel daneben lag zusammengerollt die israelische Fahne.

Der Mann in dem dunkelblauen Mantel, der schweigend vor dem Sarg stand, drehte sich langsam um. Ruth blickte in ein scharf geschnittenes Männergesicht, das jetzt von Trauer und Schmerz überschattet wurde. Das krause braune Haar war an den Schläfen angegraut. Boas Kowalski trug es kurz geschnitten wie die Soldaten. In den Händen hielt er einen schwarzen Filzhut, den er ganz zerknautscht hatte und zeigte, wie er innerlich kämpfte, wie Boas um seine Fassung rang. Noch nie hatte er sich so elend gefühlt, so müde, so zerstört, jeden Mutes beraubt.

»Sie waren dabei, sagte man mir, als mein Sohn starb.« Seine dunkle Stimme vibrierte. Es fiel ihm schwer, zu sprechen.

»Hat Daniel noch etwas gesagt? Sie haben die letzten Minuten seines Lebens miterlebt?«

»Er konnte nicht mehr sprechen. Es ging so schnell. Ich glaube nicht, daß er Schmerzen hatte.«

Ruth sah, wie die grauen Augen des Mannes in Tränen schwammen.

»Daniel war mein einziger Sohn. Er war so voller Optimismus und Lebensfreude. In zwei Tagen wäre sein Dienst zu Ende gewesen. Er wollte wieder zurück an die Universität nach Haifa.«

Er verstummte und starrte auf das tote Gesicht seines Sohnes. Es wirkte fremd und abweisend in der Totenstarre.

Das Leid dieses Mannes lastete auf Ruth. Sie hatte unter diesen Umständen Machlon verloren, nun dieser Mann seinen Sohn.

Ruth schilderte noch einmal, wie alles geschehen war. So konnte der Vater des Toten an dem Sterben seines Sohnes teilnehmen.

Nur von Kahled redete sie nicht. Sie wollte verhindern, daß der Schmerz sich sofort wieder in Haß verwandelte, wie sie das schon oft erlebt hatte.

Bei Kahled hatte der Haß diese neue Bluttat geboren, und dieser junge Mann mußte sterben. Würde das immer so weitergehen? Konnte Gott das zulassen? In diesen Tagen wurde Weihnachten gefeiert und von Frieden geredet.

Doch das Morden ging weiter. Ruth merkte nicht, daß der Mann sich von dem Toten abgewandt hatte und sie lange betrachtete. Erst jetzt schien er sie richtig wahrzunehmen.

»Als Palästinenserin sprechen Sie gut hebräisch.«

»Ich bin in Israel, in der Stadt Nablus, aufgewachsen. Ivrit lernte ich im Internat. Dort war ich mit vielen jüdischen Mädchen zusammen.«

Ruth spürte, daß dieser Mann von ihr noch mehr wissen wollte, jetzt aber nicht wagte, weiter zu fragen, da mehrere Soldaten kamen. Es waren die Freunde seines Sohnes, die mit ihm reden wollten.

»Wo kann ich Sie erreichen?« fragte er schnell, als sie sich anschickte zu gehen. Ruth gab ihm ihre Adresse, die er auf einem Zettel notierte. Dann steckte er ihr seine Visitenkarte zu.

Ruth wurde von einem Polizeifahrzeug in das Lager Dheischeh zurückgebracht.

Es regnete noch immer von einem schmutziggrauen Himmel. Die Wasserlachen auf der Straße waren größer geworden. Fahrspuren hatten sich in den Schlamm gegraben. Ruth ging nicht schnell. Es störte sie nicht, daß der Regen ihr Tuch vollkommen durchweicht hatte, daß auch ihre Schuhe der Nässe nicht mehr standhielten.

Von der Bäckerei her wehte der Geruch von frisch gebackenem Brot. Ruth spürte, wie sich plötzlich ein nagendes Hungergefühl bei ihr meldete. Erst jetzt kam ihr zum Bewußtsein, daß sie schon lange nichts mehr gegessen hatte. Man hatte sie zwar mit Essen versorgt, doch sie hatte davon nichts anrühren wollen.

Noch immer weilte sie in Gedanken bei dem toten jungen Soldaten, dessen Leben so plötzlich verlöscht war. Von seinem Vater hatte sie einiges über ihn erfahren. Darum war dieser Tote für sie nicht mehr anonym.

Naemi saß allein in dem düsteren Raum. Auf dem Tisch

standen noch Teller und Tassen. Nessiba und die Kinder mußten hier gegessen haben. Ruth spürte die Freude, die Naemi empfand, daß sie wieder hier war.

»Du wirst Nessiba helfen müssen. Es geht um Kahled. Sie wird damit nicht fertig.«

Ruth wechselte ihre nassen Kleider und nahm etwas von der heißen Suppe, die noch in einem kleinen Topf auf dem Herd stand. Dann setzte sie sich zu Naemi.

Während sie aß, berichtete sie, was sie erlebt hatte.

»Du sprichst von dem Vater des toten Soldaten. Kennst du seinen Namen?« fragte Naemi am Schluß.

Jetzt erst fiel Ruth wieder die kleine Karte ein, die sie in ihre Rocktasche gesteckt hatte.

Sie suchte danach und reichte sie Naemi.

Diese studierte sorgfältig die gedruckte Aufschrift und buchstabierte langsam den Namen: »Dr. Boas Kowalski-Halevi, Rechtsanwalt in Jerusalem.« Die Anschrift war ihr vertraut. Sie kannte die Straße. »Die Praxis befindet sich in der Altstadt in der Nähe des Judenviertels, dort, wo wahrscheinlich auch heute noch viele Araber wohnen.«

Ruth warf einen Blick aus dem Fenster. Ein Polizeifahrzeug rollte langsam die Straße entlang.

Ruth wollte wissen, wo Nessiba mit den Kindern hingegangen sei. Aber Naemi schien sie nicht zu hören. Noch immer studierte sie die Visitenkarte, drehte sie hin und her und überlegte lange.

»Ich kannte einst einen Jungen, der hieß Boas. Es war der jüngste Bruder von Elimelech. Er wuchs bei Jehuda, seinem Onkel, auf. Ist es möglich, daß dieser einstige Bub Boas und dieser hier ein und dieselbe Person sind?«

»Vielleicht sind es nur dieselben Namen«, erwiderte Ruth und blieb am Fenster stehen.

Kolonnen von Militärfahrzeugen fuhren langsam die Straße entlang. Sie folgten dem Polizeiwagen. Gab es schon wieder neue Einsätze?

Als es dunkel wurde, kehrten Nessiba und die Kinder zurück. Nessiba wirkte verwirrt und verstört. Ständig sprach sie von Kahled, den sie noch nicht sehen durfte.

»Er soll ein Mörder sein? Ich glaube es einfach nicht. Er ist doch erst 14 Jahre alt. Er redete von Dingen, die er nicht getan haben kann. Er brüstet sich damit, versucht sich wichtig zu machen.«

Die Kinder verkrochen sich in ihre Betten. Sie hatten Angst vor neuen Hausdurchsuchungen, vor neuen Razzien.

Ruth schwieg und ließ Nessiba reden.

»Ich muß einen Anwalt finden, der Kahleds Verteidigung übernimmt. Er ist doch noch ein Kind.«

»Es ist die Wahrheit, was er gesagt hatte. Kahled hat geschossen. Ich habe es gesehen.«

Nessibas Gesicht wurde starr. In ihren Augen brannte ein fanatisches Feuer.

»Mein Sohn ist kein Mörder«, wiederholte sie immer wieder, ohne auf das einzugehen, was Ruth noch sagte.

»Ich will, daß Kahled wieder zu mir zurückkehrt. Sie dürfen ihn nicht in ihrem Gefängnis behalten. Es reicht, daß sie mir meinen Mann genommen haben und daß Muhamed ermordet wurde.«

Nessiba steigerte sich in eine Hysterie des Hasses und der Anklage hinein, daß Ruth hilflos dastand und nicht wußte, wie sie ihr begegnen sollte.

Instinktiv fühlte Nessiba, daß Ruth auf der anderen Seite stand, auch wenn sie ihr Trost spenden wollte. Ruth hatte Kahled gesehen, war Zeuge seiner Tat. Man hatte sie bereits verhört. Ob sie dort schon alles gesagt hatte? Ruth war wieder frei. Also konnte sie die Polizei von ihrer Unschuld überzeugen.

Naemi kam und mit ihr noch mehr Frauen. Sie wollten Nessiba trösten, sie in ihrem Kummer und ihrer Trauer um ihre Söhne auffangen.

Nessiba fühlte sich plötzlich in diesem Kreis stummer Anteilnahme stark. Sie redete und schrie ihr ganzes Leid, ihren bohrenden Schmerz in diese Runde hinein.

Über dem Schmerz der verlorenen Söhne und Ehemänner wurde auch deren Mut und Entschlossenheit hervorgehoben und ihr Märtyrertum verherrlicht.

»Kahled hatte Muhamed geliebt und verehrt«, rief Nessiba. »Er hatte seinen Bruder sterben gesehen, und das konnte er nicht vergessen.«

Ruth konnte nicht mehr bleiben, sie ging mit Naemi hinaus in die Nacht. Der Regen hatte nachgelassen. Ein eisiger Ostwind trieb sie bald in ihre Wohnung zurück.

»Da du Zeuge der Tat von Nessibas Sohn geworden bist, hast du die Freundschaft Nessibas verloren, meine Tochter. Du wirst bald allein dastehen, weil du nicht mehr ihre Verbündete bist und ihre Sache vertrittst, auch wenn du eine Palästinenserin bist.«

»Aber Nessiba kann sich doch nicht der Tatsache verschließen, daß Kahled geschossen hat!«

»Ihr Verstand sagt ihr das wohl, aber ihr Gefühl läßt es nicht zu. Sie liebt Kahled viel zu sehr.«

Naemi zog Ruth neben sich auf ihr Bett. Sie sprach jetzt ganz leise, um zu verhindern, daß irgendeiner lauschte.

»Du mußt handeln, Ruth. Ich will nicht, daß man dir Übles antut, dich verleumdet, dich vielleicht in eine Sache hineinzieht, die dir nur Schaden bringt. Nutze die Gelegenheit. Suche diesen Boas auf. Er ist Anwalt und kann dir beistehen. Denke daran, daß Kahled sein Geständnis unter dem Druck seiner Mutter oder von Freunden zurücknehmen kann, daß er andere, aber auch dich verdächtigen kann.«

Ruth schlief in dieser Nacht kaum. Sie überlegte ständig, was sie tun sollte. Es fiel ihr schwer, Naemis Wunsch zu folgen. Am frühen Morgen fing Naemi erneut davon zu sprechen an.

»Du solltest dir heute die Möglichkeit verschaffen, nach Jerusalem zu gehen oder wenigstens dort anzurufen.«

Ruth gab Naemis Drängen nach. Naemi schrieb einen kurzen Brief, den sie Ruth gab.

»Wenn dich Dr. Boas Kowalski-Halevi empfängt, gib ihm dieses Schreiben von mir.«

Ruth bekam ohne Schwierigkeiten die Bewilligung, das Lager zu verlassen, nachdem sie angegeben hatte, wohin sie wollte. Bald saß sie im Bus, der sie nach Jerusalem bringen würde.

Eine milchige Wintersonne spiegelte sich noch auf dem

nassen Asphalt der Straße. Sie passierten die ersten Vororte von Jerusalem. Der Verkehr war so dicht, daß es ständig zu Staus kam. Als sie ausstieg, blickte sie sich etwas unsicher um. Diese vielen Menschen und der Lärm des Verkehrs. – Sie war es nicht mehr gewohnt, obwohl sie von Paris die Hektik einer Großstadt kannte. Aber das war schon zu lange her, um ihr noch vertraut zu sein.

Ruth ging auf einen zeitungslesenden Taxichauffeur zu und nannte ihm die Adresse, die sie aufzusuchen wünschte.

Der junge Mann schob seine Sonnenbrille von der Stirn wieder auf die Nase, ließ Ruth einsteigen und setzte sich hinter das Steuer.

Über Funk gab er an, wohin er fuhr und nahm sogleich neue Aufträge entgegen. Ruth hielt öfter den Atem an, denn er lenkte den Peugeot in solch einem höllischen Tempo durch die engen Gassen, daß ein ständiges Hupkonzert sie begleitete.

Er hielt hinter einem mit Körben bepackten Esel an.

»Wir sind schon hier?« fragte Ruth erstaunt.

»Nein, nein! Wir müssen warten, bis der Araber seinen Esel über die Straße bugsiert hat. Aber wir sind gleich da.«

Hupen und Pfeifen störten den Esel nicht. Er ging deshalb keinen Schritt schneller.

Sie fuhren durch das Jaffa-Tor in die Altstadt von Jerusalem.

»Kennen Sie sich in diesem Viertel aus?« fragte der Taxichauffeur.

Ruth schüttelte verneinend den Kopf.

Er zeigte ihr die Zitadelle mit dem mächtigen Davidsturm.

Sie fuhren die David-Straße entlang bis zum Suk Khan Ez-Zeit.

»Dort drüben in dem Eckhaus finden Sie den Rechtsanwalt. Er ist hier kein unbekannter Mann.«

Ruth bezahlte und stieg aus. Frauen hatten im Schatten der Hausmauer Gemüse vor sich ausgebreitet und boten es zum Kauf an. Ein Junge pries frische Felaffel an, gebratene Kichererbsen-Bällchen. Direkt daneben richtete ein Mann seinen Kebab zum Verkauf.

Ruth entdeckte die kleine Messingplatte mit dem eingravierten Namen: Dr. Boas Kowalski-Halevi, Rechtsanwalt. Die Buchstaben glichen arabischen Schriftzeichen.

Ruth zögerte. Ein beklemmendes Gefühl spürte sie in sich aufsteigen. Am liebsten wäre sie wieder umgekehrt. Aber dann drückte sie mutig auf den Klingelknopf.

Boas kam selbst, um zu öffnen. Über seinem offenen weißen Hemd trug er eine Lederweste. Er schien mitten in der Arbeit zu sein.

»Bringen Sie mir die Akten von Dr. Lorenz?« Plötzlich stutzte er. Er hatte Ruth erkannt. »Entschuldigen Sie, ich habe Sie im ersten Augenblick mit der Sekretärin meines Kollegen verwechselt. Kommen Sie schnell herein, sonst erregen wir gleich Aufmerksamkeit, wenn ich mich mit Ihnen hier draußen unterhalte.«

Ruth war von dem hellen Sonnenlicht geblendet, so daß sie sich in dem dunklen Flur nicht sofort zurechtfand.

Boas hatte hinter ihr die Tür geschlossen und den Riegel vorgeschoben. In der letzten Zeit war er vorsichtig geworden.

»Ich bin allein in meinem Büro. Eine meiner Sekretärinnen ist krank, die andere im Urlaub. So hängt die ganze Arbeit jetzt an mir.«

Er ging Ruth voraus und öffnete die Tür zu seinem hellen Büro. An den Wänden standen Bücherregale und Aktenschränke, während die eine Seite Fenster und eine große Flügeltür zu einem Garten hatte. Auf dem Schreibtisch, der mitten im Zimmer den meisten Platz einnahm, sah Ruth das große Foto seines Sohnes Daniel. Ein schwarzes Trauerband war an der rechten oberen Ecke angebracht. Daniel, in der Uniform eines Panzerschützen, mit einem lachenden Gesicht.

Boas führte Ruth an den runden Mahagonitisch und bot ihr einen der braunen Ledersessel an.

»Warten Sie einen Augenblick. Ich werde Lea Bescheid geben. Sie ist meine Haushälterin. Sie soll uns Kaffee bringen. Bestimmt haben Sie noch nicht gefrühstückt.«

Noch ehe Ruth etwas sagen konnte, war er draußen, um

das Gewünschte zu bestellen. Die Angst und die Hemmung, die sie vor kurzem noch gefühlt hatte, waren von ihr abgefallen, und ein Gefühl von Sicherheit umgab sie.

Boas kehrte zurück und nahm ihr gegenüber Platz.

»Ich freue mich, daß Sie gekommen sind.« Er lächelte sie an. Doch dann flog ein Schatten über sein Gesicht. Er schien sich an vieles zu erinnern.

»Daniel wurde von einem 14jährigen Araber erschossen. Ich habe die Vernehmungsprotokolle heute nacht gelesen.« Sofort war er bei dem Anlaß ihres Besuches.

Wieder lag dieser schmerzliche Zug um seinen Mund.

»Wegen Kahled Mokafa bin ich hier«, sagte Ruth und berichtete von dem ersten Verdacht, den man gegen sie hatte.

Boas nickte nur. Er wußte über alles Bescheid. Er kannte den Familienstand von Ruth und daß sie mit Naemi zusammen wohnte.

Auch die Akte über die Familie Nessiba Mokafa lag auf seinem Schreibtisch. Boas hatte viele Freunde beim Militär und war mit einigen Staatsanwälten bekannt.

Ruth reichte ihm das Schreiben von Naemi. Plötzlich leuchtete sein Gesicht auf, und für einen Augenblick waren die Trauer und das Leid, das sich darin eingegraben hatten, hinweggewischt.

»Es ist seltsam, wie das Leben so spielt und verworrene Dinge sich klären und Licht in mysteriöse Geschehnisse kommt.«

Eine behäbige alte Frau mit schneeweißen Haaren brachte auf einem Tablett eine Kanne Kaffee, frische Brötchen, Butter, Käse und Honig und auf einem Teller Bananen, Mandarinen und Feigen.

Boas stand auf und stellte Ruth der alten Frau vor.

»Lea hat Daniel aufgezogen. Sie war ihm eine zweite Mutter. Meine Frau starb bei einem Autounfall, als der Junge drei Jahre alt war.«

Lea konnte ihre Tränen nicht zurückhalten.

»Ich kann es immer noch nicht begreifen, daß unser Daniel dieses Haus nicht mehr betreten wird.«

Schluchzend ging sie hinaus. Ruth tat die alte Frau leid. Sie wäre ihr gerne gefolgt, aber Boas hielt sie zurück.

»Lea kommt zurück, sie wird mit uns frühstücken.«

So war es auch. Die alte Frau hatte sich nur ein frisches Taschentuch geholt.

Ruth merkte, daß die Frau sie immer wieder betrachtete.

»Sie haben Daniel gekannt?«

»Nein«, erwiderte Ruth. »Ich war nur dabei, als er starb.«

»Heute nachmittag wird die Trauerfeier sein. Man wird ihn auf dem Herzlberg beerdigen. Dort werden die meisten Gefallenen beigesetzt.« Boas schaute Ruth an.

»Werden Sie uns begleiten?«

Ruth nickte nur. Sie würde mitkommen, schon um diesem jungen Mann, der so unschuldig sterben mußte, die letzte Ehre zu erweisen.

Lea redete von Daniel, sprach von seinem letzten Besuch und davon, was er mit seinen Freunden unternehmen wollte.

Boas unterbrach sie nicht, und auch Ruth hörte schweigend zu.

Für Ruth nahm Daniel auf einmal Gestalt an. Sie nahm etwas wahr von seinem Leben, das so ganz anders verlief als das der jungen Leute im Lager. Daniel stand alles offen. Da gab es keine Verbote, Einengungen, Behinderungen. Er konnte die Freiheit in vollen Zügen genießen.

Es war, als hätte Boas Ruths Gedanken gelesen.

»An der ungleichen Verteilung der Lebenschancen starb mein Sohn. Der junge Kahled wurde aus diesem Grund zum Mörder.«

Boas verstummte und hing seinen Gedanken nach, während Lea wieder von Daniel redete.

Als sie das Geschirr abgetragen hatte und Ruth mit Boas wieder allein war, kam er auf Kahled zu sprechen.

»Ich habe es mir durch den Kopf gehen lassen: Ich werde die Verteidigung des Jungen übernehmen. Er ist zwar der Mörder meines Sohnes, aber ich will nicht, daß sein Leben zerstört wird.«

»Danke«, sagte Ruth nur. Damit hatte sie nicht gerechnet,

daß Boas Kahled helfen wollte. Nessiba würde vieler Sorgen enthoben sein.

Boas entfaltete den Brief von Naemi. Er las ihn noch einmal.

»Drei Jahrzehnte sind seit jener Zeit vergangen, als ich von meinem Bruder Elimelech und seiner Frau Naemi Abschied nahm. Ich war damals ein Junge von dreizehn Jahren und hatte mein Bar-Mizwa-Fest gerade hinter mir. Mein Onkel Jehuda brachte immer wieder Nachrichten und Briefe. Aber dann brach die Verbindung ab, als seine Tochter verschwand und sich mit Omar nach Jordanien absetzte.

Für Jehuda und seine Frau war dies eine schreckliche Zeit. Ich bin damals nur ungern nach Hause gekommen. Anschließend war ich während meines Studiums in Amerika.«

Ruth begann von Amman zu berichten und davon, was Naemi während der letzten Jahre alles hatte durchstehen müssen. Boas hörte ihr schweigend, aber aufmerksam zu.

»Von alledem hatten wir keine Ahnung. Die Familie bekam nur den Tod Elimelechs mitgeteilt, und danach erfuhr ich noch vom Tod Machlons und Kilions. Man glaubte, daß in den Bürgerkriegswirren alle Familienangehörigen umgekommen seien. So wurde auch Elimelechs Erbe aufgeteilt an die überlebenden Familienmitglieder der Kowalskis.«

Boas steckte den Brief in seine Tasche.

»Da es sich herausgestellt hat, daß wir Verwandte sind, können wir auch zum vertrauten Du übergehen.« Er reichte Ruth die Hand. Sie spürte seinen harten Händedruck. Er hielt ihre Hand länger, als er beabsichtigt hatte.

»Ich bringe dich später ins Lager, denn ich will Naemi sehen und sie begrüßen. So schnell es geht, werde ich euch aus dem Lager herausholen. Im Haus ist jetzt viel Platz. Da gibt es genug Zimmer für euch.«

Plötzlich war die Zukunft hell und voller Licht. Ruth hielt den Atem an. Sie wagte noch nicht daran zu denken, was für Aussichten ihnen geboten wurden. Endlich würde auch Naemi die Freiheit winken.

Mit allen militärischen Ehren fand die Trauerfeier für

Daniel Kowalski statt. Ruth wäre gern in der Menge gestanden. Aber Boas wollte, daß sie an seiner Seite blieb. Und so nahm sie sich Leas an, die hemmungslos weinte, als der Sarg in die Grube hinuntergelassen wurde und der Rabbiner ein Gebet verlas.

Auch Boas redete am offenen Grab seines Sohnes. Er sprach von dem Mörder und dem Haß, der sich so unversöhnlich hineinfraß in jüdische und arabische Familien und dem man entgegenarbeiten mußte, damit sich endlich der SCHALOM in allen seinen Möglichkeiten ausbreiten konnte, wie es Gott, der Schöpfer, allen Menschen in seinem Wort gebot.

Boas trat vom Grab zurück. Eine Militärkapelle spielte noch eines der Lieblingsstücke von Daniel. Es war der letzte Gruß seiner vielen Freunde. Danach löste sich die Trauergemeinde auf.

Ruth und Lea warteten am Auto, bis Boas kam und sie in die Stadt zurückbrachte. Lea stieg an der Wohnung aus, und Boas fuhr mit Ruth weiter nach Bethlehem.

Die untergehende Sonne ließ die judäischen Berge in goldenem und violettem Licht erglühen. Über der weiten Landschaft lag abendlicher Friede. In den Dörfern und Gehöften sah man die Lichter aufleuchten. In einer Orangenplantage waren noch Männer bei der Arbeit und nutzten den Rest des Tageslichtes, um die Obstkisten mit Orangen zu füllen.

Ruth und Boas hatten auf der ganzen Strecke kaum miteinander gesprochen. Jeder hing seinen eigenen Gedanken nach. Nun, da das Lager mit seinem riesigen Sicherheitszaun vor ihnen auftauchte, schien Boas lebendig zu werden.

Er kannte verschiedene Lager in der West-Bank und im Gazastreifen, doch hier war er noch nie gewesen.

Boas arbeitete als Anwalt sehr oft für Palästinenser und vertrat ihre Interessen gegenüber dem Staat Israel, wenn es um Boden- und Wasserrechte ging. Er war kein Unbekannter unter den reichen arabischen Familien. Boas führte damit eine Tradition fort, die schon sein Onkel Jehuda begonnen hatte, indem er sich für Araber einsetzte. Boas wie Jehuda waren schon immer Männer des Ausgleichs gewesen. Für sie galten Juden wie Palästinenser vor dem Recht als gleichwertige Bürger. Nur war es oft schwer, dies vor den Behörden durchzusetzen.

Sie wurden von den Militärpolizisten geprüft, konnten aber wider Erwarten schnell das Tor passieren. Boas ließ sich von Ruth den Weg zeigen. Der rote Citroen erregte bald Aufsehen, da er auch eine israelische Nummer hatte. Neugierige Jungen standen als erste um das Auto und begutachteten es. Dann kamen auch ältere Männer.

Naemi hatte bereits gewartet und geahnt, daß Ruth nicht allein kommen würde. Boas stieg aus. Er achtete nicht auf den Schlamm und die Wasserlachen. Er sah nur Naemi und lief schnell auf sie zu.

Trotz der vielen Jahre hatte er sie wiedererkannt. Zwar war das Haar grau geworden, das Gesicht von Falten durchzogen. Aber der Blick der Augen war der gleiche geblieben.

»Schalom, Naemi!« rief er laut und umarmte sie herzlich und küßte sie auf beide Wangen.

»Boas, es hat lange gedauert, dieses Wiedersehen, sehr lange. Ich habe schon gar nicht mehr damit gerechnet, daß sich in Israel jemand meiner erinnert.«

Sie gingen in die Baracke, denn immer mehr Neugierige waren auf der Straße erschienen.

Boas setzte sich, und Ruth bereitete Kaffee, den sie in kleinen Tassen servierte. Boas entdeckte auf dem Regal das Bild Elimelechs mit seinen beiden Söhnen. Er nahm es herunter und betrachtete es lange.

Es war dunkel geworden, und Boas mußte zurück. Noch immer herrschte über dem Lager die Ausgangssperre. Sie war seit dem letzten tödlichen Zwischenfall noch nicht aufgehoben worden.

10.

Ruth schien es, als hätte Naemi sich mit einem Mal verjüngt. Ihre Bewegungen waren nicht mehr so schwerfällig. Das

Gesicht strahlte. Ihre ganze Haltung drückte nicht mehr die Schwermut aus, die in letzter Zeit nach dem Aufenthalt in dem Gefängnis und im Spital ihr Wesen geprägt hatte.

In ihren Augen war ein helles Leuchten, das auf Ruth übersprang, der plötzlich alles leichter von der Hand zu gehen schien. Selbst die Wohnung in ihrer ganzen spartanischen Einfachheit war nun leichter zu ertragen. Mit Boas hatte sich das Tor für die Zukunft geöffnet. Beide ertappten sich dabei, wie sie wieder planten und von der kommenden Zeit sprachen und sie mit Leben zu füllen begannen. Das Lager war jetzt Zwischenstation geworden.

Ruth hätte schon in den kommenden Wochen das Lager Dheischeh verlassen können. Doch für Naemi hatte Boas noch keine Genehmigung bekommen, um auch sie mit in seine Wohnung nach Jerusalem zu nehmen. Ruth und Boas wurden von Naemi getröstet: »Was sind jetzt schon Tage oder Wochen, wenn am Ende die Hoffnung steht, daß ich frei sein werde.«

Schneller, als Ruth und Naemi dies für möglich gehalten hatten, änderte sich auch das Leben um sie herum. In Windeseile verbreitete sich die Nachricht, daß einer der verhaßten Israeli bei ihnen verkehrte. Man grüßte die Frauen plötzlich nicht mehr, und die, die früher freundlich mit Naemi gesprochen hatten, nahmen nun eine ablehnende Haltung ein.

Auch Nessiba hielt sich zurück und ließ ihre Kinder weniger zu Naemi gehen. Häufiger suchte sie jetzt ihre Verwandtschaft auf und baute so eine Barriere gegen Naemi und Ruth.

Da zum Generalstreik aufgerufen worden war, ruhte alle Arbeit. Das kam Ruth gerade recht. So konnte sie den Drohungen, die sie bereits bekommen hatte, ausweichen.

Ruth holte beim Bäcker Brot und traf dort Nessiba, die schon seit Tagen bei ihren Verwandten schlief, angeblich, weil sie von dort aus besser ihren eigenen Hausbau überwachen konnte.

Als sie gemeinsam aus dem Geschäft traten, sprach Ruth Nessiba auf ihren Sohn Kahled an.

»Du hast Besuchserlaubnis bekommen? Wie geht es Kahled?«

»Was fragst du? Wie kann es einem im Gefängnis gut gehen, wenn man ständig der Willkür der Bewacher ausgesetzt ist?«

Nessiba hatte zuerst noch leise gesprochen. Doch plötzlich brach sich der Zorn, ihre ganze Ohnmacht Bahn.

»Dieser Kowalski-Halevi, wie soll er Kahled helfen? Er muß meinen Sohn doch hassen, weil Kahled der Mörder seines eigenen Sohnes ist. Er wird Kahled vernichten, auch wenn er ihn jetzt verteidigen will. Ist es nicht das Ziel aller, uns zu vernichten? Ich habe von israelischer Seite noch nichts Gutes erfahren.«

Erschrocken griff Ruth nach Nessibas Arm. Sie wollte verhindern, daß sie weiter so laut redete.

Nessiba stieß Ruth grob zurück und schrie mit schluchzender, sich schrill überschlagender Stimme: »Du hättest meinen Sohn schützen können. Warum hast du ihn verraten?«

»Ich habe deinen Sohn nicht an die Polizei ausgeliefert, Nessiba. Er hat selbst seine Tat gestanden, als er mit den anderen jungen Leuten festgenommen wurde.«

Um sie herum hatte sich eine Menschenmenge gebildet, die eifrig für Nessiba Partei ergriff. Unter ihnen waren Frauen, deren Söhne ebenfalls in Haft waren.

Ruth wußte, daß sie hier nichts ausrichten konnte. Darum ging sie schweigend davon. Sie hörte, daß man hinter ihr herschimpfte.

Außer Atem kam sie bei Naemi an. Der Schrecken über so viel Ignoranz und brutalen Haß saß ihr in den Gliedern.

»Wenn Boas kommt, solltest du mit ihm gehen. Ich werde die Tage, die ich hier noch verbringen muß, gut allein herumbringen.«

Ruth schüttelte den Kopf.

»Nein, allein gehe ich nicht. Wir werden das Lager gemeinsam verlassen.«

Ruth nutzte die ruhige Mittagszeit, um an der Wasserzapfstelle ihren Kanister zu füllen. Zwar hatte sie nichts zu Naemi gesagt, aber sie hatte Angst vor den Leuten, vor ihren

Drohungen und Anschuldigungen. Ruth wußte, daß man mit Kollaborateuren kurzen Prozeß machte. Einige im Lager, die man verdächtigte, mit den Israeli zusammenzuarbeiten, wurden kurzerhand ermordet. Täter konnten nie ermittelt werden.

Boas kam am nächsten Tag. Er setzte sich an den Tisch.

»Der Prozeß für Kahled wird schon in den nächsten Tagen beginnen. Du wirst als Zeugin aussagen müssen«, wandte er sich an Ruth.

»Es gibt doch noch andere Zeugen außer mir.«

Ruth fürchtete alle Folgen, die dies nach sich ziehen würde, und Boas verstand sie. Doch der Staatsanwalt wollte, daß Ruth den Tathergang schilderte.

»Kahled hat alle seine Aussagen zurückgenommen, nachdem ihn seine Mutter und sein Onkel besucht haben. Heute früh war ich bei ihm. Der Junge ist verstört und schweigt. Ich müßte mit seiner Mutter reden. Sie soll wissen, daß ich für ihren Sohn einen fairen Prozeß will. Aber dazu muß auch der Angeklagte bereit sein.«

»Nessiba ist zu keinem Gespräch bereit. Man muß sie aufgehetzt haben. Sie ist so voller Haß und böser Anklage, auch gegen mich.«

Ruth schwieg bedrückt.

»Soll ich versuchen, mit ihr zu reden?« fragte Naemi. Dabei ging es ihr weniger um Nessiba als um Kahled. Sie hatte den Jungen so lange in ihrer Obhut gehabt und sorgte sich um ihn.

Naemi zog ihre Jacke und ihre Schuhe an.

»Du wirst Schwierigkeiten bekommen«, warnte Ruth. Aber Naemi ließ sich nicht abhalten, Nessiba bei ihren Verwandten aufzusuchen.

»Soll ich dich nicht begleiten?«

Boas stand auf. Doch Naemi lehnte ab. »Ich werde allein gehen. Wartet hier auf mich.«

Ruth und Boas hörten, wie sich Naemis Schritte draußen entfernten. Stumm sahen sie sich an. Jeder wußte, was der andere dachte und befürchtete.

»Soll ich ihr nachfahren oder die Polizei alarmieren?«

»Nein, das würde alles nur verschlimmern. Wir müssen jetzt warten.« Ruth war blaß. Sie konnte kaum ihre innere Unruhe verbergen. Plötzlich spürte sie, wie Boas seine Hand auf die ihre legte.

»Ich möchte, daß du und Naemi heute noch mit mir kommt. Eure Sicherheit ist hier nicht mehr gewährleistet. Schon die letzten Tage hat mich die Sorge um euch nicht mehr schlafen lassen.«

Ruth blickte auf und sah in Boas Augen mehr, als nur die Sorge um sie. Es war Liebe, die er für sie empfand. Verwirrt senkte sie ihren Blick. Sie fühlte, wie ihr Herz schneller zu schlagen begann. Auch ihr war Boas nicht gleichgültig geblieben. Schon vom ersten Augenblick an hatte sie sich zu ihm hingezogen gefühlt. Er strahlte Sicherheit und Vertrauen aus, eine Geborgenheit, nach der sie sich sehnte.

Boas umschloß ihre Hand fester. Plötzlich zog er sie in seine Arme und küßte sie.

»Ich liebe dich!« sagte er leise und wiederholte es noch einmal.

Ruths Hände strichen zärtlich über sein Gesicht.

»Nie hätte ich es für möglich gehalten, daß ich nach dem Tod von Machlon noch einmal Gefühle für einen anderen Mann empfinden würde. Doch als ich dich sah, wußte ich, daß für mich ein neues Leben begann. Eine neue Liebe war in mir erwacht.«

Ruth verstummte. Diese Liebe, die jetzt in ihr Leben getreten war, mußte sie erst richtig annehmen. Sie fühlte Freude, Glück, Wärme. Es war, als würde sie neu erstehen, als würden Fesseln von ihr genommen werden.

»Durch meinen toten Sohn habe ich dich gefunden. Wie unerforschlich sind oft die Wege unseres Herrn«, sagte Boas und hielt Ruth noch immer fest, als wollte er sie nicht mehr aus seinen Händen lassen.

Die Zeit verstrich, und Naemi war noch immer nicht zurückgekehrt. Boas sah auf seine Uhr. Panische Unruhe erfaßte beide.

»Schon zwei Stunden ist Naemi weg. Bald wird es dunkel werden. Ich werde nach ihr sehen.«

Boas wollte mit Ruth zu seinem Auto gehen, als eine Polizeistreife vor ihnen hielt und ein junger Feldwebel ausstieg.

»Dr. Kowalski-Halevi, Sie werden dringend im Militärgefängnis von Bethlehem erwartet. Fahren Sie sofort. Der Oberstaatsanwalt wünscht Sie zu sprechen.«

Boas eilte zu seinem Auto. Doch ehe er wegfuhr, rief er Ruth noch zu: »Packe alles Nötige zusammen. Ich komme zurück und werde euch nach Jerusalem mitnehmen. Es geht um eure Sicherheit. Hier ist für euch keine Bleibe mehr möglich. Die Genehmigung lasse ich mir jetzt geben. Nun kann ich alles begründen.«

Das Polizeiauto fuhr hinter Boas' Wagen her. Ruth schaute die Straße entlang und sah Naemi in der Ferne. Wie langsam sie ging, als fiele ihr das Gehen schwer.

Sie eilte ihr entgegen. Naemi war dankbar, daß sie sich ein wenig auf Ruths Arm stützen konnte.

»Was ist passiert?«

»Kahled ist tot!« sagte Naemi dumpf. »Er hat sich in seiner Zelle erhängt. Die Nachricht hat seine Mutter vor einer Stunde mitgebracht.«

»Nessiba war in Bethlehem?«

»Kahled hatte um frische Wäsche und seinen Anzug für morgen gebeten. Auch wollte er einige seiner Bücher haben. Ich habe lange mit dem Onkel von Kahled geredet und versucht, ihn zu überzeugen, daß man dem Jungen nur helfen kann, wenn er bei der Wahrheit bleibt, und daß Boas alles versuchen würde, Kahled zu helfen. Nun war alles umsonst. Nessiba ist wie versteinert. Sie mußten den Arzt holen.«

Ruth brachte Naemi in die Wohnung. Ihr war jetzt klar, warum Boas so rasch geholt wurde. Kahleds Tod sorgte für Aufregung. Warum hatte er sich umgebracht? Hatte er es überhaupt alleine gemacht? Fragen, die nicht nur Ruth und Naemi bewegten. Sie machten bald die Runde. Wie ein Lauffeuer hatte sich diese Nachricht verbreitet. Sofort wurden auch böse Stimmen laut. War hier Mord im Spiel?

Ruth lauschte auf die Geräusche von draußen. Eine

unheimliche Angst überfiel sie plötzlich. Vielleicht sollten sie die Polizeiwache aufsuchen. Boas würde nicht so schnell kommen können.

Der letzte Rest von Abendrot hing noch am Himmel, als der erste Stein flog und die Fensterscheibe zertrümmerte. Hastig verschloß Ruth die Tür.

»Komm, setz dich! Du wirst ihnen nicht wehren können. Ihr Haß zwingt sie zum Handeln.«

Naemi sagte dies ganz ruhig, so als würde sie das nicht berühren, was draußen geschah, als würde sie die gehässigen Rufe nicht hören.

Ruth wußte nur: Sie waren in einer Falle gefangen. Wo blieb die Polizei? Warum erschien das Militär nicht? Sonst machten sie bei anbrechender Dunkelheit doch regelmäßig ihre Patrouillenfahrten.

Die Dunkelheit in dem Raum wurde von brennenden Fackeln draußen jäh erhellt.

»Sie wollen die Baracke anzünden«, schrie Ruth entsetzt. »Wir werden lebendig verbrennen.«

Naemi stand auf und holte Ruth vom Fenster weg.

»Bewahre deine Ruhe, Kind! Gott wird auch dieses Mal helfen. Wir unterstehen alle seinem Willen.«

Ruth verstand nicht, warum Naemi so ruhig bleiben konnte. Sie geriet immer mehr in Panik, als sie sah, wie die Menge draußen näher heranrückte. Immer mehr Brandfackeln loderten auf.

Plötzlich erzitterte die Tür unter heftigen Stößen. Wieder flogen Steine gegen die Mauer und durch das zertrümmerte Fenster.

Ruth umklammerte Naemi. Einer der Molotowcocktails zerstörte die Tür und riß ein riesiges Loch in die mit Zementsteinen aufgemauerte Wand. Der Teppich auf dem Boden begann Feuer zu fangen.

Ruth handelte geistesgegenwärtig und so schnell, daß alles in Bruchteilen von Sekunden passierte. Sie packte Naemi an den Schultern, riß sie hoch und stolperte mit ihr zu dem riesigen Loch in der Mauer. Noch ehe der Brandsatz, der durch das Fenster geschleudert wurde, explodierte und das Dach der Baracke in die Luft schleuderte, waren sie draußen. Naemi und Ruth hatten sich auf den Boden geworfen. Brennende Holzstücke und Steine wirbelten wie ein Feuerregen durch die Luft.

Lautes Brüllen, Schreien und Johlen war die Antwort auf das sich entfachende Inferno. Grelle Scheinwerfer blendeten plötzlich auf. Das Militär riegelte alles ab. Das Schreien verstummte. Man versuchte, im Schutz der Dunkelheit zu flüchten. Viele der Jugendlichen wurden von den Schlagstöcken der israelischen Soldaten niedergeschlagen. Alle wurden festgenommen.

Ein Soldat fand Ruth und Naemi.

»Bitte, helft uns! Sie wollten uns umbringen!« Ruth bat in hebräischer Sprache um Hilfe.

Der Soldat half Naemi beim Aufstehen. Zum Glück waren beide unverletzt geblieben.

»Bringt uns weg aus dieser Hölle«, bat Naemi immer wieder. Sie konnte kaum gehen. Ein anderer Soldat kam zu Hilfe und sie brachten Naemi und Ruth zu einem der Polizeifahrzeuge.

Ruth hielt Naemi umschlungen. Beide standen noch unter dem Schock des Erlebten.

Ruth fühlte sich erst sicher, als sie mit Naemi in die Polizeistation gebracht wurde. Man wies ihnen zwei Stühle zu zum Sitzen und reichte ihnen Decken, die sie gegen die Kälte umhängen konnten. Der Polizeibeamte hatte keine Zeit, sich um Naemi und Ruth zu kümmern. Er schob ihnen nur zwei Becher heißen Kaffee zu, dann widmete er sich wieder seinem Funkgerät. Im ganzen Lager herrschte Aufruhr. Immer mehr Militär mußte angefordert werden.

Noch in der Nacht kam Boas. Voller Angst war er ins Lager gefahren. Als er Ruth und Naemi unverletzt vorfand, umarmte er beide, während sich seine Augen mit Tränen füllten. Er ließ Ruths Hand nicht mehr aus der seinen.

»Ich hatte mir schon das Schlimmste vorgestellt. Über Funk hatte ich mithören können, was sich hier ereignete. Doch mußte ich in Bethlehem bleiben, bis die Untersuchungen abgeschlossen waren. Kahled hatte sich, kurz nachdem ihm das Mittagessen ausgehändigt worden war, an seinem in Streifen gerissenen Hemd erhängt. Die Obduktion wurde bereits vorgenommen. Ein Fremdverschulden kann mit Sicherheit ausgeschlossen werden.«

»Hat er etwas hinterlassen?« fragte Ruth.

»Nein. Es wurde nichts gefunden. Daß seine Mutter von dem Unglück so schnell erfuhr, ist einem der Gefangenen zu verdanken, der zum Verhör geführt wurde und von allem Wind bekommen hatte.«

Erst in den frühen Morgenstunden konnte das Militär die Ruhe im Lager wiederherstellen. Boas gelang es, den Einsatzleiter zu sprechen und erreichte, daß Naemi und Ruth ihn nach Jerusalem begleiten konnten.

Einige Unterschriften mußten gegeben werden, und Ruth konnte mit Naemi in Boas' Auto einsteigen.

Über dem gesamten Lager hing eine dichte Rauchwolke. Das versprühte Tränengas reizte die Augen und schmerzte in den Lungen.

Naemi war hellwach. Sie blickte sich kein einziges Mal um, sondern schaute immer nur nach vorn. Der Himmel färbte sich türkisfarben. Dunkel hoben sich die judäischen Berge gegen den immer heller werdenden Himmel ab.

Vor ihnen tauchten die bebauten Berge von Jerusalem auf. Das strahlende Licht der aufgehenden Sonne ließ die Kuppeln und Türme, Dächer und Hochhäuser aufleuchten. Naemi schwieg. Sie nahm nur dieses Bild in sich auf. Die ›heilige Stadt‹! Sie sah sie nun wieder und würde sie bald betreten. Wie oft hatte sie davon geträumt, einmal wieder in den engen Gassen der Altstadt spazierenzugehen. Nun erfüllte sich dieser Traum nach drei Jahrzehnten.

Sie kamen in den Berufsverkehr und waren bald eingekeilt in den riesigen Autokolonnen, die sich vor den Hauptkreuzungen gebildet hatten. Boas schien dies gewohnt zu sein. Er schimpfte nicht, regte sich nicht auf, sondern redete ruhig mit Ruth.

Das neue, moderne Jerusalem war Naemi fremd. Erst als sie sich der Altstadt näherten, erkannte Naemi manches

Gebäude wieder. Das Jaffator stand unverändert, und auf dem Omar-Ben-Kattab-Platz herrschte schon zu dieser frühen Stunde recht lebhafter Verkehr.

»Jetzt würdest du dich wieder zurechtfinden, Naemi«, lachte Boas, der sie die ganze Zeit durch seinen Rückspiegel beobachtet hatte.

»Du wohnst immer noch in dem Haus von Jehuda, deinem Onkel?«

»Ich habe es innen ein wenig modernisiert. Aber von außen hat es seine alte Fassade behalten. Du wirst es sofort wiedererkennen. Jerusalem wird dir bald wieder vertraut sein. Jetzt kannst du in der ganzen Altstadt spazieren gehen. Es gibt keine verbotenen Zonen mehr.«

Naemi nickte stumm. Erinnerungen stiegen in ihr auf. Sie dachte an die Zeit, als sie mit Elisabeth zum ersten Mal in der Stadt war. Daneben tauchten auch die Bilder des Krieges auf, den sie in dem jüdischen Viertel erlebt hatte. Doch daran wollte sie jetzt nicht denken.

Boas parkte den Wagen vor seinem Haus und half Ruth und Naemi beim Aussteigen. Naemi entging nicht, daß Boas in sehr vertrauter Weise mit Ruth umging. Sie erfuhr wenig später von Ruth, daß Boas und sie sich liebten.

Dies zu hören, machte den Tag für Naemi noch schöner, als er schon war. So ging mehr in Erfüllung, als sie je zu träumen gewagt hatte. Ruths Leben würde wieder neu beginnen.

Lea wurde aus ihrer Trauer herausgerissen, als Boas ihr die neuen Gäste vorstellte, die von nun an im Hause wohnen würden. Lea führte Naemi in das Zimmer, das Boas für sie vorgesehen hatte.

Ruth aber wurde von Boas in die ihr zur Verfügung stehenden Räume gebracht. Er zeigte ihr alles: »Du kannst hier schalten und walten, wie du es möchtest. Keiner wird dir Vorschriften machen.«

Zwischen Naemi und Lea entwickelte sich bald ein enges Vertrauensverhältnis, als sich herausstellte, daß Lea im Alter von Naemi war und als italienische Jüdin aus Neapel emigriert war.

Naemi genoß die ersten Tage der Ruhe. Die Aufregungen des Lagers mußten erst aufgearbeitet werden. So reagierte ihr Körper wieder mit Fieber und Schmerzen. Boas wollte schon einen Arzt holen. Aber Naemi winkte ab.

»Es wird in einigen Tagen vorbei sein. Dann werde ich mich so gut fühlen, daß ich alleine weggehen kann.«

Der Februar war noch naß und kalt. Nur selten kam die Sonne hindurch. Ruth versuchte noch einmal, mit Nessiba Verbindung aufzunehmen. Doch Nessiba lehnte es ab, sie zu sehen und wies auch alle Geschenke zurück, die Ruth ihr mitgebracht hatte.

Niedergeschlagen erzählte Ruth Naemi davon.

»Nessiba hat sehr viel verloren. Sie wird viel Zeit brauchen, ihren Schmerz zu überwinden. Da du es geschafft hast, aus dem Lager herauszukommen, sie aber noch immer drinnen ist, stehen Welten zwischen euch. Da zerbrechen Freundschaften.« In Naemis Stimme schwang Schmerz mit.

»Die Kinder werden in diese dumpfe Trauer mit hineingezogen, wo oft nur Haß als Ausweg bleibt. Versuche trotzdem, die Verbindung zu ihr nicht abreißen zu lassen, schon um der Mädchen willen. Sie sollen die Möglichkeit haben, etwas zu lernen.«

Naemi versuchte, alte Bekannte aufzuspüren. Aber sie fand keinen mehr, den sie noch von früher kannte. Alle waren tot oder hatten Israel verlassen.

Gemeinsam fuhren sie nach Tel Aviv, aber nicht, um die Familie zu besuchen, sondern um an Olgas Grab zu gehen. Naemi legte Blumen nieder. Sie hatte immer bedauert, nie mehr mit Olga zusammengetroffen zu sein.

Boas sah es nicht ungern, daß Ruth sich in seiner Kanzlei nützlich machte. Dabei entdeckte Ruth auch die Drohbriefe, die immer wieder mit der Post kamen.

»Zerreiße sie. Ich nehme davon keine Notiz mehr. Anfangs habe ich sie noch der Polizei gezeigt. Heute werfe ich sie gleich weg. Schon mein Onkel hat solche Briefe bekommen. Auch er hat sie ignoriert und meistens gar nicht gelesen.«

»Aber dieses Schreiben ist nicht so harmlos. Hier steht ›Rache für Kahled, Rache für Muhamed‹.« Sie las in arabisch all die Drohungen, die an Boas gerichtet waren.

Ruth konnte nicht glauben, daß Nessiba dahinter stand. Es mußten noch andere Gruppen daran Interesse haben, Boas zu vernichten.

Boas zerstreute Ruths Angst und verbrannte das Schreiben über einem Messingteller.

»Komm, lassen wir die Arbeit ruhen und gehen wir mit Naemi und Lea in die Stadt. Ich habe in der Frühe einen Anruf bekommen, Naemi bekommt ihren Paß. Sie ist wieder eine rechtmäßige Bürgerin Israels.«

Naemis Hand zitterte, als sie vor dem Beamten die Unterschrift leistete und danach den Paß überreicht bekam.

»Danke!« sagte sie nur zu Boas. In ihren Augen standen Tränen.

Jetzt konnte sie wieder allein und ohne Angst in die Stadt gehen und Reisen unternehmen.

Sie war nicht mehr der Willkür von Behörden ausgesetzt wie noch zu der Zeit, in der sie als Flüchtling und als staatenlos galt. Immer war sie der Gefahr ausgesetzt, nach Jordanien abgeschoben zu werden.

Boas zeigte Naemi und Ruth das Regierungsviertel und die Knesset. Danach fuhren sie zum Herzl-Berg und besuchten auf dem Heldenfriedhof Daniels Grab. Der Erdhügel war noch frisch. Viele kleine Steine lagen darauf. Freunde von Daniel mußten hier gewesen sein.

Naemi wußte von Lea, daß in der Nähe die Gedenkstätte Yad Vashem lag, in der der sechs Millionen Juden gedacht wurde, die zwischen 1933 und 1945 ermordet wurden. Sie bat Boas, sie dorthin zu bringen.

Ruth wollte mit Naemi hineingehen. Doch diese lehnte ab.

»Bleibe bei Boas und Lea und geht zurück zu Daniels Grab. Ich will mich dieser meiner Vergangenheit allein stellen. Meinen Eltern, meinem Bruder und vielen meiner Verwandten werde ich da drinnen wieder begegnen. Ich hatte früher immer gehofft, daß mein Bruder, mein Vater oder meine Mutter gefunden werden. Doch diese Hoffnung mußte ich begraben. Nun kann ich wenigstens an dieser Stätte ihrer Gräber gedenken.«

Naemi blieb in der Halle, in der ein ewiges Feuer brannte. Es leuchtete über dem schwarzen Marmorboden, auf dem die einundzwanzig Orte des Todes auf deutsch, polnisch und hebräisch zu lesen waren – von Dachau bis Auschwitz.

Es dauerte sehr lange, bis Naemi wieder den Weg nach draußen fand. Die Erinnerung war bedrückend. Die Schemen der Vergangenheit ließen Naemi nicht los. Die vielen Leute aus der Zeit in Heidelberg und in Straßburg waren wieder gegenwärtig.

Es war gut, daß Naemi mit Lea über diese Vergangenheit reden konnte. Ruth und Boas wußten zwar viel darüber, aber sie hatten diese Zeit nicht miterlebt. Lea hatte wie Naemi ihre Eltern und drei Schwestern verloren. Sie waren nach Auschwitz deportiert worden.

Naemi ging immer häufiger allein in die Stadt. Sie machte auch erste kleine Spaziergänge in der Altstadt. Als das Wetter immer besser wurde und sich überall der Frühling ankündigte und die Mandelbäume in voller Blüte standen, dehnte sie ihre Spaziergänge weiter aus. Manchmal blieb sie ganze Nachmittage weg, und Ruth sorgte sich oft. Aber Naemi verstand es, ihre Bedenken zu zerstreuen.

»Ich sitze oft auf einer Bank in irgendeiner Parkanlage und schaue den Leuten zu. Ich genieße einfach die Stadt mit ihrem quirligen Leben. Jeden Tag besuche ich einen anderen Platz.«

An einem Tag, als der Himmel wie Seide glänzte und die Sonne warm vom Himmel schien, beschloß Naemi, das Jüdische Viertel aufzusuchen. Bis jetzt hatte sie davon immer wieder Abstand genommen, weil sie glaubte, sich den Erinnerungen noch nicht stellen zu können. Sie war dort mit der ganzen Grausamkeit des Krieges konfrontiert worden.

Naemi ging langsam durch die Straßen, die sie noch von früher kannte. Es gab keine Ruinen gesprengter Häuser mehr. Alles war im alten Stil wieder erstanden. Sie fand den Platz, zu dem sie die Toten hingebracht hatten, auch Elisabeth. Dort stand ein Haus mit einem kleinen Garten mit Blumen in winzigen Rabatten. Naemi blieb lange vor dem Haus stehen, das einst das Lazarett beherbergt hatte. Gegenüber war ein kleines Café. Das suchte sie auf und nahm an einem der runden Tische Platz.

Schweigend trank sie ihren Tee und sah den vielen Leuten zu, die draußen auf der Straße gingen. Weil bald Ostern gefeiert wurde, waren sehr viele Touristen in der Stadt. Man erkannte sie schon an den Kleidern, an den Fotoapparaten und den Filmgeräten. Dazwischen sah sie auch Juden in ihren dunklen Seidenmänteln und schwarzen Hüten – ehrwürdige Greise mit langen grauen Bärten, aber auch junge Männer mit den langen Schläfenlocken. Sie waren auf dem Weg zu den Synagogen, denn bald würde der Sabbat beginnen.

Seit sie in Jerusalem war, hatte sie noch keine Synagoge besucht. Heute beschloß Naemi, es zu tun. Im Gebet wollte sie all derer gedenken, denen sie in jenen schrecklichen Kriegstagen 1948 freundschaftlich verbunden war. Ob wohl Marcus noch lebte, der von seinem sterbenden Vater, dem Rabbi Levi ben Salomo, die Thorarollen übernahm? So viele Namen, so viele Schicksale, die sich im Dunkel der Zeit verloren.

Naemi bezahlte und wurde von dem dunkelhäutigen Kellner noch an die Tür gebracht. Dann reihte sie sich wieder ein in den Strom der Besucher. Naemi kam zu der Ruine der Hurva-Synagoge.

Wie gegenwärtig war ihr jener 27. Mai 1948, als die Araber die Hurva-Synagoge eingenommen hatten und sie danach gesprengt wurde. Sie beteten damals das Schema Jisrael. Die Kapitulation stand bevor.

In der neuerbauten Synagoge daneben sammelten sich die Männer. Nur wenige Frauen hatten sich in dem ihnen zur Verfügung stehenden Teil eingefunden. Die Sabbatlichter wurden entzündet, und die versammelte Gemeinde stimmte das Lied »Kabbalat Schabbat« zum Empfang des Sabbats an. Naemi sprach die Gebete mit. Alle Worte waren ihr vertraut.

Nach dem Gottesdienst blieb Naemi noch zurück. In

Gedanken versunken, merkte sie nicht, wie sich der Raum leerte. Ein Rabbiner stand am Schrank, der die Thorarollen enthielt.

Als Naemi keine Anstalten machte zu gehen, kam er langsam auf sie zu.

»Ist Ihnen nicht gut? Brauchen Sie Hilfe?« fragte er leise. »Ich muß die Synagoge schließen.«

Naemi schaute auf. Etwas an den Bewegungen dieses schlanken Mannes erinnerte sie an Marcus. Er konnte seine Hände selten ruhig halten. Immer war er mit irgend etwas beschäftigt.

»Ich bin viele, viele Jahre nicht mehr hier gewesen. Die Erinnerungen holten mich ein.«

Sie schaute wieder in das Gesicht des Mannes. Er stand jetzt näher am Licht. Die Gesichtszüge, die Augen, alles war älter, reifer, aber sie ähnelten denen von Marcus. Naemi hatte schon immer ein gutes Menschengedächtnis besessen. Und so fragte sie spontan und ohne Scheu:

»Sind Sie Marcus, der Sohn von Rabbi Dr. Levi ben Salomo?« Die Frage, die sie schon die ganze Zeit bedrängt hatte, war ausgesprochen.

Der Rabbiner stutzte, schien zu überlegen und betrachtete Naemi genauer.

»Levi ben Salomo war mein Vater«, sagte er leise. Naemi sah, wie er eine Verbindung suchte, sich an die Zeit zu erinnern, in der sein Vater noch lebte.

»Die Thorarollen...« Naemi half, die Brücke zu schlagen, und plötzlich wußte der Rabbi, wer vor ihm stand.

»Naemi!« rief er laut. »Du bist es wirklich? Du lebst?«

Er warf die Arme um sie und drückte sie fest an sich.

»Du mußt mit mir kommen. Ich bin verheiratet und habe vier Kinder, drei Jungen und ein Mädchen.«

Noch immer schüttelte er den Kopf, konnte es nicht fassen. Er legte den Arm um Naemis Schulter und führte sie zu dem Schrank, der die Thorarollen enthielt. Er öffnete ihn und zeigte Naemi eine Buchrolle nach der anderen.

»Getreu dem Wunsch meines sterbenden Vaters habe ich alle Thorarollen retten können und sie bewahrt. Heute bin ich zu ihrem Hüter geworden. Und wie meine Familie einst, so wohne auch ich heute wieder im Jüdischen Viertel und bin Lehrer an einer Talmudschule.«

Marcus nahm Naemi mit in seine Wohnung. Gemeinsam mit seiner Familie nahm sie das abendliche Sabbatmahl ein.

Ruth und Boas wunderten sich über den Anruf, den sie am Abend erhielten, in dem Naemi ihnen mitteilte, daß sie erst am anderen Tag zurückkommen würde.

Rabbi Marcus wurde bald ein enger Freund der Familie. Häufig besuchte er Naemi, und alle zusammen feierten sie das Passahfest.

Den Sederabend bereitete Naemi mit Marcus' Frau Rebekka vor. Ruth wurde dadurch vertraut mit den Bräuchen der strenggläubigen Juden. Trotzdem war Marcus ein aufgeschlossener und liberal denkender Mann, der sich oft in politische Gespräche mit Boas einließ.

Wenn er manchmal über seine halbwüchsigen Söhne klagte, die ganz andere Meinungen vertraten als er, erinnerte ihn Naemi an seine eigene Jugend und wie er sich seinem Vater gegenüber verhalten hatte. Dann lachte Marcus.

»Er hat mich mit den Thorarollen in die Pflicht genommen. Vielleicht geht es meinen Söhnen ebenso. Gott findet immer Wege, sich die Menschen gefügig zu machen.«

11.

Naemi löschte die Lampe und legte sich auf das Kissen zurück. Das Fenster stand weit offen, und das helle Licht des Vollmondes floß wie Silber über die beiden kleinen Sessel, den ovalen Tisch, den bunten Teppich und den Schrank, in dem das neue elegante Kleid hing, das Naemi sich auf Wunsch von Ruth und Boas zu der Hochzeitsfeier gekauft hatte. Nun waren die beiden schon ein Ehepaar und seit zwei Tagen in Paris auf der Hochzeitsreise.

Drei turbulente Wochen lagen hinter ihnen. Einkäufe, Einladungen, Festvorbereitungen.

Kurz nach dem Passahfest hatten Ruth und Boas beschlossen, zu heiraten. Ruth trat zum jüdischen Glauben über, und so konnte Rabbi Marcus die Trauung nach jüdischem Ritus vornehmen.

Ruth hätte gerne gehabt, wenn auch Orpa gekommen wäre. Sie hatte ihr geschrieben, doch kam keine Nachricht von ihr. Den Kindern von Nessiba schickte sie Geschenke, da sie zur Hochzeit nicht kommen konnten. Doch eine Antwort erhielt sie auch hier nicht, obwohl sie die Sachen selbst zum Lager gebracht hatte und dort bei der Familie von Nessiba abgeben ließ.

Die Hochzeit fand im engsten Freundeskreis statt, denn die Trauerzeit um Daniel war noch nicht vorüber.

Naemi schloß zufrieden die Augen. Alles war gut geworden, viel besser, als sie sich je erträumt hatte. Ihre große Dankbarkeit floß oft in ihre Gebete ein.

Marcus war rührend besorgt um sie. Er kannte ihr großes Interesse an Literatur und brachte ihr häufig Bücher. Er zeigte ihr auch die neuesten Ausgrabungen in der Stadt. Sie besuchten das Kidrontal mit dem ältesten jüdischen Friedhof.

Marcus sprach davon, daß in diesem Tal nach Aussagen des Propheten Joel das Jüngste Gericht stattfinden werde. Alle Gläubigen werden hier zur ewigen Herrlichkeit auferstehen. Juden aller Jahrtausende haben darum gewünscht, in diesem Tal begraben zu werden.

Sie sprachen lange über den Tod. Naemi hatte ihn viel zu oft an ihrer Seite erfahren müssen. Sie fürchtete sich nicht vor dem Sterben, jetzt, da sich alles geordnet hatte, konnte sie in Frieden dem Ende entgegensehen.

Marcus verscheuchte ihre Gedanken an den Tod. »Denke an Hiob. Nach seinen schweren Leiden wurde ihm ein neues Leben geschenkt, und er freute sich daran. Auch du solltest jetzt jeden Tag genießen und dich freuen an dem, was du erleben darfst.«

Es war eine laue Sommernacht. Das Leben in den Gassen ringsum war noch nicht erstorben. Naemi schlief trotz des Lärms ein und wachte erst spät am anderen Morgen auf.

Sie war allein. Lea hatte sich bereits zum Markt aufgemacht, um frisches Gemüse und Obst sowie Blumen zu holen. Aus Erfahrung wußte Naemi, daß es immer sehr lange dauerte, bis sie zurückkehrte.

Darum konnte auch sie sich viel Zeit lassen. Sie trank zuerst ihren Kaffee, las die Zeitung und ging erst danach unter die Dusche.

Mehrmals läutete das Telefon. Doch bis sie zum Hörer kam, war der Anrufer bereits weg.

Sie föhnte sich die Haare, die sie auf Wunsch von Ruth wieder hatte kurz schneiden lassen. Am meisten genoß Naemi am Morgen die Dusche – das kalte und das heiße Wasser. Im Lager mußten sie darauf verzichten. Zum Waschen mußten sie das Wasser an der Zapfstelle holen. Einen Raum zum Waschen und Baden gab es nicht. Alles mußte in dem einen Raum geschehen, den man ihnen zum Wohnen angewiesen hatte.

Erneut klingelte das Telefon. Aber da war schon Lea zurückgekehrt. Sie ließ ihre schweren Taschen zu Boden gleiten und nahm den Hörer ab.

»Naemi, du wirst verlangt. Ich verstehe so schlecht. Ich kann nur wenig arabisch.«

Naemi dachte an Orpa oder an Leila. Voller Freude lief sie in das Wohnzimmer. Lea hatte den Hörer neben das Telefon gelegt. Als Naemi sich meldete, war die Stimme nicht mehr zu hören. Ärgerlich und enttäuscht legte sie auf.

»Schon den ganzen Morgen über narrt mich das Telefon.«

»Am besten, wir nehmen nicht mehr ab. Boas ist nicht da, und wir können auch keine Auskunft geben.«

Lea hatte die ersten Trauben gekauft, wusch sie und brachte sie Naemi zum Essen. Dann verschwand sie wieder in der Küche, ihrem Reich, in dem sie niemanden duldete. Auch Naemi und Ruth durften dort nicht arbeiten. Das war ganz allein ihr Refugium.

Es klingelte erneut.

Lea rief aus der Küche. »Gehe bitte und öffne. Vielleicht ist es der Briefträger. Er kommt oft um diese Zeit. Ich kann von meinem Gemüse nicht weg, sonst brennt mir alles an.«

Naemi war noch immer in ihrem Bademantel. Sie ärgerte

sich, daß sie sich noch nicht angezogen hatte. Sie band den Gürtel fester und eilte die Treppe hinunter, um die Tür zu öffnen.

Noch immer wurde Sturm geklingelt. Naemi rief schon von oben, daß sie kommen würde.

Hastig löste sie die Kette und die Verriegelung, schloß auf und öffnete vorsichtig die Tür. Ein junger, bärtiger Mann im verwaschenen Jeansanzug stand draußen. Er mußte mit einem Motorrad gekommen sein, denn an seinem Arm hing ein roter Motorradhelm.

Er hatte ein Paket, das er Naemi reichte.

»Ich soll es für Dr. Kowalski-Halevi abgeben. Es ist dringend.«

Er sprach schlecht hebräisch.

»Von wem ist das Paket? Wer hat Sie beauftragt?«

»Eine Firma, ein Büro schickt alles.« Er murmelte einen Namen, den Naemi nicht verstand.

Der Mann ging zu seinem Motorrad und fuhr davon.

Unschlüssig stand Naemi da. Sie fand auf dem Papier keine Adresse, keinen Absender, keinen Firmenaufdruck. Vielleicht wußte Lea Bescheid. Sie trug das Paket, das nicht besonders schwer war, ins Haus.

Lea erschien neugierig auf dem Treppenabsatz.

»Dieses Paket wurde abgegeben, aber nicht von der Post.«

»Wahrscheinlich Akten. Gestern hat Dr. Henschel angerufen, ein befreundeter Rechtsanwalt. Boas arbeitet mit ihm zusammen. Henschel ist für Verkehrsdelikte zuständig. Stelle das Paket ins Büro. Eine der Sekretärinnen wird am Nachmittag kommen, die kann dann alles überprüfen.«

Das Büro war abgeschlossen. Deshalb mußte Naemi das Paket auf den Boden stellen, und das war ihr großes Glück. Denn kaum war sie an der Garderobe, um den Schlüsselbund aus dem Schränkchen zu nehmen, als die Bombe, die in dem Paket war, explodierte und die Tür aus den Angeln riß. Die Druckwelle hatte Naemi gegen die Treppe geschleudert. Das Holz, die Wand, die Bilder, alles brannte im Nu lichterloh.

Lea hastete sofort die Treppe hinunter, packte Naemi an

den Armen und schleppte sie zur Tür, die sie nach einiger Mühe endlich aufbekam.

Laut schrie sie um Hilfe: »Eine Bombe! Es brennt! Hilfe, Hilfe!«

Sanitäter, Polizei und Feuerwehr erschienen, dazu eine gaffende Menge.

Naemi wurde in das Krankenhaus auf dem Skopusberg gebracht. Sie hatte Kopfverletzungen durch Splitter und durch den Aufprall Verletzungen am Rückgrat erlitten.

Als sie aus ihrer Ohnmacht erwachte, saß Rabbi Marcus an ihrem Bett. Er hielt ihre Hand.

»Du lebst, Gott sei gedankt!« Marcus hatte viele Stunden an dem Bett gewacht. Die Ärzte hatten die Hoffnung schon aufgegeben, doch Naemi war dem Leben wiedergeschenkt worden.

»Boas kommt mit Ruth gegen Abend. Sie haben keine frühere Maschine bekommen.«

Naemi erinnerte sich auf einmal ganz deutlich. Das Feuer, dieses schreckliche Feuer. Sie hatte dies schon einmal durchgestanden im Lager. Aber dieses Mal war es viel schlimmer gewesen, vor allem die ohrenbetäubende Explosion. Schweißperlen standen auf ihrer Stirn. Sie stöhnte und umklammerte die Hände des Rabbiners.

»Marcus, wo ist Lea, das Büro, das Haus...?«

»Lea lebt. Ihr ist nichts geschehen.«

Marcus versuchte, Naemi zu beruhigen. Er wußte, daß jede Aufregung zu vermeiden war.

»Die Bombe hat viel Schaden angerichtet. Akten und Möbel sind verbrannt. Aber die Metallschränke, in denen Boas angeblich seine wichtigsten Sachen aufbewahrte und auch das Archiv hielten dem schrecklichen Feuer stand. Die Feuerwehr war schnell zur Stelle und konnte so ein Übergreifen der Flammen auf die übrige Wohnung verhindern. Die Polizei ist noch im Haus, um alle Spuren zu sichern.«

Erst als Ruth und Boas zu Naemi in das Hadassah-Krankenhaus kamen und sie mit ihnen sprechen konnte, wurde sie ruhiger. Ruth blieb bei Naemi, Boas aber suchte sein zerstörtes Büro auf.

Naemi mußte sich mehreren Operationen unterziehen, und viele Wochen war ihr Gesundheitszustand sehr kritisch. Oft war Naemi tagelang nicht ansprechbar. Sie lag mit geschlossenen Augen in ihrem Bett und befand sich in einer Welt, zu der Ruth keinen Zugang hatte.

Der Sommer verging. Der Herbst zog über das Land. Man feierte Rosch Haschana, das Neujahrsfest. Am Versöhnungstag wachte Marcus an Naemis Bett, aber sie erkannte ihn nicht. Es wurde Winter, Sturm und Regen wechselten einander ab.

Boas hatte sein Büro wieder instandsetzen lassen, und die Arbeit häufte sich. Die Bombe war von einer Terroristenorganisation der Al Fatah ins Haus gebracht worden, doch der eigentliche Auftraggeber ließ sich nicht ermitteln.

Ruth versuchte, Nessiba und ihre Familie aus der ganzen Sache herauszuhalten, obwohl sie verdächtigt wurden.

Ruth und Lea lösten sich bei den Besuchen im Krankenhaus ab. Nur langsam setzte die Genesung von Naemi ein. Als in Jerusalem die Weihnachtsglocken läuteten, probierte Naemi an Ruths Seite die ersten Schritte im Zimmer. Bald wurde die Strecke etwas größer, die sie bewältigen konnte. Naemi litt immer noch unter großen Schmerzen, aber sie kämpfte tapfer dagegen an.

Alle Ärzte waren rührend um sie besorgt. Bei der Visite blieb der weißhaarige Professor immer noch einige Minuten bei Naemi am Bett sitzen und redete mit ihr. Er ähnelte äußerlich Einstein, so daß Naemi ihm diesen Spitznamen gab, obwohl der Professor Berg hieß und aus London nach Jerusalem gekommen war, als der Sechs-Tage-Krieg vorüber war. Seit dieser Zeit arbeitete er als Chirurg in dem jetzt viel größeren Hadassah-Krankenhaus. Er kam mit Naemi ins Gespräch, als er erfuhr, daß sie hier als junge Schwester gearbeitet hatte. Er wollte von ihr viel aus jener Zeit wissen, und Naemi erzählte von den vielen Ärzten, die sie kennengelernt hatte. Aber noch etwas anderes verband den Professor mit Naemi: Seine Familie war lange Zeit in Heidelberg ansässig gewesen, darunter renommierte Ärzte an den Kliniken der Universität von Heidelberg.

Der junge Berg wurde von seinen Eltern noch vor der Machtergreifung Hitlers als zehnjähriger Bub zu Verwandten nach England gebracht. Auch er hatte seine Eltern nie mehr gesehen. Die Vergangenheit war ständig gegenwärtig und spielte immer wieder in die Gegenwart hinein.

Als Naemi den Wunsch äußerte, zu Boas und Ruth heimkehren zu dürfen, verstand sie der Professor und ordnete noch einmal eine gründliche Untersuchung an. Ihm gefiel nicht, daß Naemi immer noch Schmerzen im Rücken hatte.

Es war Sabbatabend und darum in der Klinik weniger Personal zugegen. Marcus war mit seiner Frau dagewesen und zum Gottesdienst schon früher zurückgekehrt. Naemi wartete auf die Visite. Heute würden sie ihr mitteilen, ob sie nach dem Sabbat heimkehren konnte.

Das Nachtessen war schon vorüber, als der Professor kam. Sie saß noch in ihrem Bademantel an dem Tisch, und er setzte sich ihr gegenüber. Erwartungsvoll hingen ihre Augen an seinem Gesicht.

»Sie können zu Ihrer Familie gehen, aber wir werden uns bald wiedersehen.«

»So ist die Operation, von der Sie gesprochen haben, nicht zu umgehen?«

»Die genauen Röntgenaufnahmen haben meinen Verdacht bestätigt. Wir müssen operieren. Ein Tumor hat sich oberhalb der ersten Rippen an der Wirbelsäule gebildet. Die Rippen müssen alle angebrochen gewesen sein.«

Naemi sagte nichts. Sie wußte aber, daß dies die Spätfolgen der Folter waren.

»Wie stehen die Chancen für mich?«

»Ich kann erst bei der Operation Genaueres sagen. So wie die Aufnahmen zeigen, wird es uns möglich sein, den ganzen Tumor zu entfernen. Nur Ihr Herz und Ihr Kreislauf müssen sich noch stabilisieren, damit wir den Eingriff auch vornehmen können. Aus diesem Grund ist es ganz gut, wenn Sie eine Zeitlang keine Krankenhausluft atmen. Naemi, gehen Sie viel an die frische Luft. Machen Sie kleine Spaziergänge. Jede Woche möchte ich Sie in meiner Sprechstunde sehen.«

Der Professor stand auf, und Naemi begleitete ihn zur Tür. Doch ehe er auf den Gang hinaustrat, schien er es sich anders überlegt zu haben.

»Packen Sie Ihre Sachen zusammen. Ich bringe Sie zu Ihrer Familie. Englische Freunde haben mich für den Abend eingeladen. Sie wohnen am Griechischen Kloster, das ist auf dem Weg.«

Eine Schwester half Naemi beim Packen, und schon eine Stunde später konnte sie in den alten Ford einsteigen, mit dem der Professor vor das Hauptportal der Klinik gefahren war.

Naemi lehnte sich in das Polster zurück. Sie genoß die Fahrt durch die nächtliche Stadt. Sie sah beleuchtete Gebäude, Banken, Geschäftshäuser, Kirchen, Moscheen, die hell angestrahlte Stadtmauer.

Am Jaffator standen Polizeiwagen.

»Gibt es wieder Unruhen?« Angst bemächtigte sich Naemis.

Doch Professor Berg beruhigte sie.

»Fast jeden Tag kommt es irgendwo zu Zwischenfällen. Man gewöhnt sich daran. Doch die Polizei hat alles im Griff. Die arabischen Viertel sind unter Kontrolle.«

Boas war noch in der Synagoge, doch Ruth war mit Lea zu Hause. Sie hatten gerade die Sabbatkerzen angezündet. Eine feierliche Stille herrschte im Haus.

Naemi wurde mit großer Freude empfangen. Ruth hätte gerne gehabt, wenn der Professor noch mit ins Haus gekommen wäre, doch er hatte es eilig.

»Ich werde bald einmal kommen«, versprach er und nahm hinter seinem Steuer Platz.

»Naemi muß sich gut erholen. Jeden Tag einen kleinen Gang durch das Viertel.«

Eine Weile saß Naemi mit den beiden Frauen am Tisch. Dann aber wollte sie in ihr Zimmer. Sie fühlte, wie die Müdigkeit von ihr Besitz ergriff.

Ruth deckte das Bett auf und half Naemi beim Entkleiden. Als Naemi im Bett lag, blieb Ruth noch einen Augenblick bei ihr. Naemi merkte, daß sie ihr noch etwas sagen wollte.

Ruths Augen strahlten, als sie Naemi ihr Geheimnis mitteilte.

»Ich erwarte ein Kind, Naemi. Du wirst bald Großmutter sein. Ich bin schon im dritten Monat schwanger.«

Wie ein Blitz schlug diese Nachricht bei Naemi ein. Naemi setzte sich auf, zog Ruth zu sich auf das Bett und umarmte sie.

Tränen der Freude rannen ihr über die Wangen und netzten auch Ruths Gesicht.

Jeden Vormittag, wenn es das Wetter erlaubte, ging Ruth mit Naemi spazieren. Oft mahnte Boas, daß sich Ruth in ihrem Zustand schonen müsse und auch Naemi nicht überanstrengen dürfe. Ruth lachte über seine übertriebene Sorge um sie.

»Boas, es ist mir noch nie so wohl gewesen wie jetzt«, tröstete sie ihn. »Das Kind scheint mich jünger zu machen, als ich bin.«

Naemi unterzog sich einige Wochen später der Operation, die recht schwierig wurde. Es gelang dem Ärzteteam nicht, den ganzen Tumor zu entfernen.

Der Professor wunderte sich, daß Naemi sich trotz des schwierigen Eingriffs relativ schnell erholte.

»Ich will zu Hause sein, wenn das Kind geboren wird«, sagte sie, und Professor Berg verstand.

Trotzdem mahnte er Naemi, sich der Krebstherapie zu unterziehen.

»Sie wollen doch noch lange mit Ihrem Enkelkind zusammen sein. Naemi, Sie wollen doch erleben, wie es die ersten Schritte macht und anfängt zu reden. Sie haben noch Großmutterpflichten zu erfüllen.«

Naemi ließ sich überzeugen und blieb darum vorerst noch im Krankenhaus und ließ alle Behandlungen der Strahlenspezialisten über sich ergehen.

Für kurze Zeit durfte sie heim und mußte dann wieder für einige Tage in die Klinik.

Ruth hatte bereits eines der Zimmer als Kinderzimmer eingerichtet. Der Wickeltisch, das Bettchen – alles stand bereit. Naemi sah die Jäckchen, die Höschen, die das Kind tragen sollte. Und sie begann selbst zu stricken und zu häkeln, wie es Lea auch tat.

Doch lange konnte sie diese Arbeit nicht ausführen. Die Arme taten ihr weh, Schmerzen im Rücken stellten sich erneut ein. Sie kannte sie und wußte, was dies zu bedeuten hatte.

Ruth und Boas gegenüber schwieg sie. Nur Lea wußte Bescheid, und die strickte auch den kleinen Pullover fertig.

Lea begleitete Naemi, als die Schmerzen unerträglich wurden. Der Professor bestellte sie sofort in die Klinik, als sie ihn telefonisch davon unterrichtete. Sie wollte von ihm nur einige Schmerztabletten haben.

Nach der Untersuchung kleidete sich Naemi wieder an. Sie ahnte, was die Röntgenbilder zeigten.

Der Professor ließ sie im Sessel Platz nehmen. Sein faltiges Gesicht war voller Sorge um sie.

»Der Tumor hat allen unseren Behandlungen getrotzt und sein Eigenleben entwickelt.«

Ehe er nach weiteren Behandlungsmöglichkeiten suchte, kam ihm Naemi zuvor: »Ich will weder eine Operation noch eine andere Therapie. Überlassen wir jetzt alles Gott. Wir wollen kein Wettrennen mit der Krankheit beginnen. Ich weiß, daß ich bald sterben werde.«

Naemis Blick verlor sich in die Ferne.

Sterben und Tod hatten ihre Schrecken für sie verloren. Zu oft war sie damit konfrontiert worden. Leben und Tod lagen so dicht beieinander. Von Kindheit an war sie gezwungen gewesen, mit Bedrohungen fertig zu werden. Selten gab es einen Ort, an dem sie länger verweilen und die Ruhe genießen konnte. Immer wieder wurde sie zu einem Aufbruch gezwungen und weitergetrieben.

Lange lag Schweigen zwischen ihr und dem Professor. Sie sah seinem Gesicht an, wie er sich quälte, eine Möglichkeit zu finden, um ihr zu helfen. Plötzlich stand in Naemis Gesicht ein Lächeln.

»Eine Bitte an Sie, lieber Professor. Helfen Sie mir zu sterben und schweigen Sie gegenüber Ruth und Boas. Ich will ihnen keine Last noch Sorge sein. Für sie wird das kommende Kind der Mittelpunkt sein. Ich will nur am Rande noch ein wenig an ihrem Glück teilnehmen. Mehr erwarte ich nicht.«

Der Professor setzte die Brille wieder auf. Sein Atem ging schwer. »Ihrer Bitte werde ich Folge leisten, Naemi.«

Er strich über ihre mageren Hände.

»Ich besuche Sie und gebe Ihnen die Spritzen gegen die Schmerzen. Sie sollen nicht leiden. Rufen Sie mich, wenn es notwendig wird.«

Naemi weihte nur Marcus noch ein.

»Einige Wochen, Monate, vielleicht noch ein Jahr, mehr wird es nicht sein, was ich an Zeit zur Verfügung habe. Darum wird jeder Tag wichtig werden«, sagte sie ihm, als er mit ihr im Garten auf und ab ging.

In der großen Tonschale wetteiferten Tulpen und Narzissen in ihrer Farbenpracht. Marcus war ständig bestrebt, die Wünsche zu erfüllen, die Naemi hatte. An seiner Seite besuchte sie wieder alte Plätze in der Stadt. Doch wurde sie immer schnell müde, mußte auf einer Bank ausruhen oder Marcus bitten, sie heimzubringen.

Er wollte, daß sie an der Bar-Mizwa-Feier seines jüngsten Sohnes teilnahm, die auf Wunsch des Jungen an der Klagemauer mit vielen seiner Freunde, die im gleichen Alter waren, gefeiert werden sollte.

Mit dem jüngsten Sohn verfuhr Marcus großzügiger als mit seinen älteren Söhnen. Auch Boas, Ruth und Lea waren zu diesem Fest eingeladen.

Alle hatten sich schon umgezogen, als Ruth plötzlich heftige Wehen bekam. Sie setzte sich und hoffte, daß sie vorübergehen würden, denn der Geburtstermin sollte ja erst in zwei Wochen sein.

Naemi fand es richtig, daß Boas Ruth in die Klinik bringen wollte.

»Kinder halten sich nicht an die errechneten Termine. Du wirst sehen, das Kind wird noch in den Nachtstunden auf die Welt kommen.«

Naemi wollte Ruth in das Krankenhaus begleiten, aber Ruth entschied anders.

»Marcus erwartet dich, und er wäre sehr enttäuscht, wenn keiner von uns an der Feier seines Sohnes teilnehmen würde. Darum solltest du gehen, Naemi. Boas ist bei mir. Außerdem kann sich alles noch lange hinziehen.«

Naemi stand neben Rebekka und deren Tochter, während die Männer auf der ihnen zustehenden Seite ihre Gebete anstimmten. Juden aller Rassen und Nationen hatten sich versammelt, verbeugten sich vor den uralten Steinen. Einige von ihnen steckten kleine zusammengerollte Zettel in die Fugen, wo sich schon viele andere auf Papier geschriebene Bitten befanden.

Es dunkelte, und am samtenen Himmel blinkten die ersten Sterne. Die dreizehnjährigen Buben hatten ihre Teffilin umgebunden und waren in ihre Tallit gehüllt. So sprachen sie das »Schema Jisrael«.

Naemi hatte sich auf Rebekka gestützt. Die Schmerzen kamen in regelmäßigen Abständen, durchfluteten sie wie Wellen, ebbten ab und kamen stärker zurück. Sie dachte an Ruth. Aber dann wurde sie doch mit in das vor ihr stattfindende Geschehen hineingenommen.

Die riesige Menge von dunklen, dicht nebeneinander stehenden Männerkörpern begann jetzt langsam vorwärts und rückwärts zu schwanken. Der Singsang der vielstimmigen Gebete hing wie ein gewaltiges Brausen in der Luft.

Die Lichtbündel riesiger Scheinwerfer erhellten den Platz, auf dem sich plötzlich einige Gruppen von jungen Männern zu Kreisen formierten. Aber auch alte Männer in ihren Samtkaftanen und Pelzhüten reihten sich ein und begannen, eine rituelle Hora zu tanzen.

Naemi verstand einige Worte des Gesanges. Die Männer sangen von der Herrlichkeit des Landes, von Glauben und Hoffnung.

Marcus ließ es sich nicht nehmen, Naemi nach den Feierlichkeiten an der Klagemauer heimzufahren. Er hätte gerne gesehen, wenn sie mit ihm nach Hause gekommen wäre. Aber Naemi hatte jetzt nur noch einen Wunsch: allein zu sein. Sie mußte versuchen, die rasenden Schmerzen in ihrem Körper zu unterdrücken.

Naemi schluckte Tabletten und schlief auch für einige Stunden ein. Doch nach Mitternacht wachte sie erneut auf. Ein Geräusch hatte sie geweckt. Leise klopfte es an die Tür.

»Naemi, bist du wach?«

Sie erkannte Boas' Stimme und forderte ihn auf, hereinzukommen.

»Naemi«, rief er überglücklich, »wir haben einen Sohn. Vor einer Stunde ist er auf die Welt gekommen.«

In seiner Freude umarmte er Naemi und küßte sie auf beide Wangen.

»Morgen in der Frühe werde ich dich mitnehmen, und du wirst den Kleinen sehen.«

Boas blieb nicht im Haus. Er fuhr in die Klinik hinüber. Naemi aber brauchte am frühen Morgen Hilfe. Lea mußte Professor Berg an ihr Bett rufen.

Die Freude über die Geburt des Kindes löste bei ihr eine heftige Herzattacke aus.

Professor Berg gab Naemi eine Spritze und blieb bei ihr, bis sich Herzschlag und Atmung wieder normalisiert hatten. Als sie wieder zu sich kam und ihn erkannte, wußte sie nicht gleich, warum er hier war.

»Dieses Mal war es recht knapp, Naemi. Warum haben Sie mich so spät rufen lassen?«

Naemi ging auf seine Frage nicht ein. Sie sprach von dem Jungen, den Ruth geboren hatte.

»Wann werde ich das Kind sehen?«

»Bald, nur heute und morgen wird das nicht gehen. Sie müssen im Bett bleiben und absolute Ruhe einhalten. Ich werde jetzt in die Klinik fahren, aber am Nachmittag komme ich wieder. Lea wird bei Ihnen Wache halten.«

Boas, der Naemi am Vormittag holen wollte, mußte unverrichteter Dinge wieder gehen.

»Grüße Ruth und das Kind! Wie gerne würde ich es jetzt in meinen Armen halten.«

Naemi erholte sich nicht. Sie verfiel immer mehr. Der Professor kam, sooft er es möglich machen konnte. Nur der

Wunsch, das Kind einmal in den Armen zu halten, hielt Naemi am Leben.

Ruth kehrte nach einer Woche mit dem Jungen zurück. Sie trug ihren Sohn sofort in Naemis Zimmer.

»Naemi, dein Enkelsohn. Er wird den Namen Machlon-Obed erhalten.«

Naemi versuchte, sich in ihrem Bett aufzurichten. Es gelang nur mühsam. Ruth half und legte ihr das Kind in die Arme. Naemi brachte ihr Gesicht ganz nahe an das Köpfchen des Kleinen. Sie spürte die blonden Härchen, die zarte Haut und küßte das Kind auf die Stirn.

»Gott, der Allmächtige, möge dich segnen, Machlon-Obed, und dir ein reiches Leben schenken!«

Sie nestelte den Davidstern, den sie über alle Jahrzehnte trotz vieler Widrigkeiten immer bei sich getragen hatte, vom Hals und legte ihn auf die Brust des Jungen.

»Es ist das einzige Vermächtnis, das ich ihm von unserer Familie geben kann.«

Naemi sank zurück, und Ruth nahm das unruhig werdende Kind wieder an sich und drückte es zärtlich an ihre Brust.

Erschöpft schloß Naemi die Augen. Ihr Atem ging mühsam.

»Naemi, ich brauche dich jetzt mehr als sonst. Du darfst uns jetzt nicht verlassen. Denke an das Kind. Es braucht auch deine Liebe.«

Naemis Hände lagen auf der Bettdecke. Sie waren fast durchscheinend geworden. Ihr bleiches Gesicht entspannte sich. Tiefer Frieden breitete sich darauf aus.

»Gott, der Herr, hat mir ein reiches Leben beschert«, sagte sie so leise, daß Ruth sie kaum verstand.

»Er gibt, er nimmt. Er wird mich nun zurückbringen zu denen, die ich einmal gekannt und geliebt habe.«

Ihre Augen blickten Ruth noch einmal dankbar an. Dann blieben sie an dem Kind haften, dessen Händchen nach Ruths Finger griffen.

»Ich habe dich einen Augenblick verlassen, aber mit großem Erbarmen hole ich dich heim. In Fluten des Zorns habe ich mein Antlitz einen Augenblick verborgen, aber mit ewiger Gnade will ich mich deiner erbarmen.«

Naemi hatte die Worte aus dem Propheten Jesaja sehr langsam gesprochen. Nun erstarb ihre Stimme.

Sie lag plötzlich ganz still da.

Lautlos, unhörbar war der Tod zu ihr gekommen.